マーケティングの構造

柳 偉達 編著

五絃舎

はしがき

　本書のようなマーケティングの入門書を作ってみようと思い立ったのは、「マーケティング論」の受講生に対して授業または予習・復習のためにマーケティングの基礎知識を集約した資料を提供しようとしたからである。

　本書は、一般的に行われているマーケティングの授業の内容に沿って、全15章により構成されている。頁数の関係で、詳細な説明を記述したり、実例を取り入れたりすることはできなかったが、基礎知識の要点はできる限り網羅したつもりである。用語、形式、内容については、原則として統一を図ったが、不十分な点があるとすれば、それはすべて編著者の責任である。

　この出版の企画に賛同して頂いた執筆者諸氏には、多忙にも拘わらず貴重な原稿をお寄せ頂いた。とりわけ、第7章と第14章をご担当頂いた追手門学院大学の松井温文先生には出版に至るまで編集にご尽力頂いた。また、第5章をご担当頂いた奈良学園大学の水野清文先生には緻密な作業をして頂いた。あらためて松井先生・水野清文先生をはじめ執筆者諸氏には心から謝意を表したい。

　最後に、本書の出版を快くお引き受け頂き、短期間の間で集中的に整理して頂いた五絃舎の長谷雅春社長には、心よりお礼を申し上げる次第である。

2017年3月

編著者

目　次

第1章　マーケティングの登場 — 1
第1節　マーケティングの生成 — 1
第2節　マーケティングの発展 — 2
第3節　戦後のマーケティング — 3
第4節　戦後日本のマーケティングの展開 — 6

第2章　マーケティング戦略 — 7
第1節　マーケティング戦略の概念 — 7
第2節　マーケティング環境と戦略 — 9
第3節　マーケティング戦略の展開 — 12

第3章　製品差別化戦略と市場細分化戦略 — 15
第1節　製品差別化戦略 — 15
第2節　市場細分化戦略 — 16
第3節　ターゲティング（Targeting） — 20
第4節　ポジショニング（Positioning） — 21

第4章　製品ライフサイクル — 23
第1節　製品の概念 — 23
第2節　製品の分類 — 24
第3節　製品ライフサイクル — 26
第4節　新製品の開発 — 29

第5章　ブランド管理 —— 31
第1節　ブランドとは —— 31
第2節　ブランドの機能 —— 31
第3節　ブランド管理のプロセス —— 33
第4節　まとめ —— 36

第6章　広義の販売促進戦略 —— 37
第1節　販売促進の概念―プロモーションからコミュニケーションへ― —— 37
第2節　広　　告 —— 39
第3節　パブリシティとPR —— 42
第4節　人的販売 —— 44

第7章　狭義の販売促進戦略 —— 47
第1節　狭義の販売促進戦略の意義 —— 47
第2節　社内に向けて —— 47
第3節　販売業者に向けて —— 48
第4節　消費者に向けて —— 50

第8章　メーカー視点の価格戦略 —— 52
第1節　価格の概念 —— 52
第2節　価格設定の要因と目標 —— 52
第3節　価格設定の方式 —— 54
第4節　新製品の価格設定 —— 55
第5節　価格管理 —— 55

第9章　消費者視点の価格戦略 —— 59
第1節　はじめに —— 59
第2節　価格シグナル —— 59

第3節　消費者の価格判断基準と文脈効果 ―――――― 61
　　第4節　消費者の価格意識を基礎にした価格戦略 ―――― 66

第10章　経路戦略 ―――――――――――――――――― 69
　　第1節　マーケティング・チャネルの概念 ――――――― 69
　　第2節　チャネル選択の基準 ――――――――――――― 71
　　第3節　マーケティング・チャネル戦略の展開 ――――― 73
　　第4節　流通系列化 ――――――――――――――――― 74

第11章　流通系列化戦略 ――――――――――――――― 76
　　第1節　自由競争段階におけるチャネル戦略 ―――――― 76
　　第2節　寡占段階におけるチャネル戦略 ――――――――78
　　第3節　系列化戦略の諸形態 ――――――――――――― 80
　　第4節　グローバル経済下の系列化戦略の問題点 ――――82

第12章　産業財マーケティング ――――――――――――― 84
　　第1節　産業財の特徴と産業財マーケティング ――――― 84
　　第2節　産業財の種類 ――――――――――――――――84
　　第3節　産業財取引における一般的特徴 ――――――――85
　　第4節　協働型製品開発の展開 ――――――――――――87

第13章　リレーションシップ・マーケティング ――――――88
　　第1節　リレーションシップ・マーケティングの基礎 ――88
　　第2節　信頼とコミットメント ――――――――――――89
　　第3節　インタラクションと価値共創 ――――――――― 90
　　第4節　ダスキン中央「ハーティ」の事例 ――――――― 91

第14章　インターネット・マーケティング ―――――― 94
　第1節　インターネット・マーケティングの対象 ――――― 94
　第2節　製造企業 ――――――――――――――――― 95
　第3節　仲介企業 ――――――――――――――――― 96
　第4節　情報サービス企業 ―――――――――――――― 96

第15章　サービス・マーケティング ――――――――― 98
　第1節　サービス経済化の進展 ―――――――――――― 98
　第2節　サービスの定義 ―――――――――――――― 98
　第3節　サービス・ビジネスの特性 ―――――――――― 99
　第4節　サービスの分類 ―――――――――――――― 100

第1章　マーケティングの登場

第1節　マーケティングの生成

　製造企業の対市場活動としてのマーケティングは、19世紀末にアメリカで生まれた。アメリカでマーケティングという名詞が定着したのは20世紀初めであった。1902年にミシガン大学の講義要録（"The Distributive and Regulative Industries of the United States"）の中に、"商品をマーケティングする種々の方法"（"various methods of marketing goods"）というフレーズが用いられており、これがマーケティングという用語の最初の使用と考えられている[1]。マーケティングは、なぜこの時期に、なぜアメリカで生まれたのであろうか。

　アメリカの資本主義は1890年代にフロンティアが消滅するまで、国内市場の地理的拡大を伴って展開した。特に19世紀後半には、全国鉄道網の構築をテコに広大な全国市場が形成され、こうした市場を背景として、ペンシルバニア州西部の鉄鋼業を軸として展開された諸産業は、自立的な国内市場依存型の産業構造を形成した。その一方で、アメリカは列強の植民地分割には遅れをとった。製造企業にとって、いわば「閉じられた国内市場」をめぐる分け前の争奪戦が重要な意義をもった。アメリカは綿花や食糧など一流の農業物輸出国であったが、工業製品の輸出依存度は低かった。

　これに対して他の国々では、さまざまな事情から、国内市場の耕作・深化よりも世界市場に依存し、領土の分割による市場の絶対的拡大や国家機構の支援による海外進出に重点が置かれた。このような場合は、製造企業が自ら直接的

---

1) Robert Bartels, *The Development of Marketing Thought,* Irwin 1962, p.33. 鳥越良光『新マーケティング原論』多賀出版、1995年、5頁。

に市場活動を展開するという方法が直ちに有効であるとは限らない。こうして、マーケティングはまず国内市場で高まる生産力に見合う市場を確保し、市場支配を拡大せんとしてとられた企業の対市場活動として、すぐれて国内市場志向的なアメリカにおいて現われた。それは「需要創造」、「既存市場のより一層集約的な耕作」を図る経営手法であった[2]。

第2節　マーケティングの発展

　20世紀を迎える頃から、アメリカにおいては生産過程の合理化を目指してティラーシステム、フォードシステムなどの科学的管理法の導入によって、生産過剰の傾向がみられた。商務長官（後に大統領）フーヴァー（H. Hoover）は「産業における無駄排除委員会」を組織し、1921年に著名な報告書『産業における無駄』を発表して、「産業合理化運動」に着手した。「単純化」・「標準化」・「無駄の排除」が時代の標語となり、政府と産業界の協力によって、生産や製品の単純化（種類の削減）・標準化（最善のものへの統一）が押し進められた。そこで、経営者は作ったものをいかに販売するか、つまり、流通過程における販売へと経営の重点を移した。かくして、市場での企業間競争は次第に熾烈化し、市場競争に打ち勝つために広告宣伝、人的販売を中心とした高圧的マーケティングが展開された。これが経営者の視点に立つマーケティングの幕開けであった。それは、一般に、単純化・標準化された製品の市場を開拓・確保するために、大量に強圧的な広告、販売促進方策、セールスマン活動、信用供与などの手段に訴えるマーケティングと理解される[3]。

　しかし、1920年代の生産力の飛躍的増大は、やがて市場の狭隘化をもたらし、1929年の世界恐慌の起因ともなった。かくして大不況による販売難時代の到来となった。1929年10月24日の株価の大暴落に端を発する空前の大恐慌は、マーケティングのあり方にも大きな衝撃を与えた。大恐慌の深刻さは、1933

2）保田芳昭編『マーケティング論』大月書店、1992年、25頁。
3）同上書、31–32頁。

年に、アメリカの失業率が約25％にまで跳ね上がり、また1929年を100とすれば、アメリカの国民総生産（実質）が71％、消費支出が81.8％、耐久消費財支出が39.5％にまで落ち込んだ。こうした中で、アメリカ政府はマーケティング支援策に乗り出した。1936年に成立したロビンソン・パットマン法（価格差別の禁止）や、1937年のミラー・タイディングス法（再販売価格維持の合法化）が、巨大企業の価格維持に寄与した[4]。

第3節　戦後のマーケティング

　第2次世界大戦後の軍需産業の平和産業への転換による飛躍的供給過剰は、一層深刻な販売難時代を再来させた。ここにいたって、マス・プロダクションを支える安定したマス・マーケットを、いかに創造（顧客の創造）するかが最大の経営課題となった。そのため、これまでの高圧的マーケティングに替って、市場調査とそれに基づくマーチャンダイジングを中心とした低圧的マーケティングの導入が求められ、ここにマネジリアル・マーケティングという新しい市場創造活動のための理論と技法が誕生した[5]。

　マネジリアル・マーケティングは、戦後の技術革命を基盤として成立し、技術革新のマーケティングと特徴づけられるものであり、今日のマーケティングの骨格を形づくった。戦後、アメリカでは、戦時中に国家総動員体制で開発された新たな技術を基礎に、技術革新が展開された。こうした技術革新は、一方では、巨額の固定資本投資を必要とするため、市場が長期的に安定するという見通しを必要とする。いいかえれば、技術革新投資は長期的なマーケティングの見通しと結びついたものでなければならないが、他方、技術革新はほかならぬ革新であり、巨大企業間の技術革新競争としてあらわれるため、他社の技術革新によって自己の商品と設備が急速に陳腐化させられるという危険性がある。したがって、技術革新投資は短期間に大量販売を実現できるマーケティン

4）同上書、35-36頁。
5）鳥越良光、前掲書、4頁。

グを必要とする[6]。

　この技術革新のマーケティングは、いわゆるマネジリアル・マーケティングとして捉えることができ、次のような特徴がある。第1に、統合的なマーケティング・マネジメントの成立である。それは、眼前の事態に即応して具体的な問題の解決を志向するのであり、したがって現実的な決定を可能にする第1線への権限委譲が要求される。技術革新のマーケティングは、一方においては集権的管理を、他方においては分権的管理を要求するのであり、両者の対立的な要求を満たすものとして統合的なマーケティング・マネジメントが要請される。第2に、マーケティングが企業の全活動の管理の基礎となる。マーケティングは、企業活動の基本理念として、企業の全活動を計画し、組織し、発動し、統制するものであり、生産されたものを販売するという企業活動の終点に関わるだけでなく、いかなる設備をもって何を生産するかを決定する、いわば始点にまで遡らざるをえなくなった。第3に、マーケティングが経営者的接近に傾斜していったことである。それはマーケティングをもっぱら経営者の計画・問題解決・行動決定の問題として捉えた[7]。

　戦後の本格的なマネジリアル・マーケティングに関する先駆的な研究としては、ハワード（John A.Howard）ならびにマッカーシー（E. Jerome McCathy）を挙げることができる。ハワードは、1957年に『マーケティング・マネジメント：分析と意思決定』(Marketing Management : Analysis and Decision) を著し、マーケティング・マネジメント論に関する独自の体系化を試みた。経営者の視点に基づき、企業を取り巻くさまざまな環境要因のうち、統制不可能な要因として競争、需要、非マーケティング・コスト、流通機構、マーケティング関係法規の5つの要因を挙げ、統制可能な要因として製品、価格、マーケティング・チャネル、広告、人的販売、立地条件の6つの要因を挙げている。また、マッカーシーは、1960年に『ベイシック・マーケティング―経営者アプローチ』(Basic Marketing : A Managerial Approach) を著し、経営者の立場からみて統制可能

6）保田芳昭編、前掲書、39–40頁。
7）岩永忠康『マーケティング戦略論』五絃舎、2007年、15–16頁。

な要因であるマーケティング諸活動を製品（Product）、場所（Place）、プロモーション（Promotion）、価格（Price）の4つの活動に集約し、それらを適切に組み合わせたマーケティング・ミックスによって、標的となる顧客に焦点をあてたマーケティングを論じた[8]。

　製品―新製品開発、既存製品の改良、品質、デザイン、スタイル、パッケージ、ブランドなど。
　場所―流通チャネルの設定、販売業者の選定、販売業者の管理、運送・保管など。
　プロモーション―広告、セールスマンシップおよび狭義のプロモーション（特売、実演、陳列、展示会、即売会など）。
　価格―価格の設定、価格の維持、様々な割引、リベートなど。

　第2次世界大戦後のもう1つの際立った特徴は、アメリカ企業の多国籍化に伴い、マーケティングが海外市場と本格的に結びついたことである。1950年代後半以降、アメリカ企業は特に西欧先進諸国向けの直接投資を急増させ、生産活動を国際化させた。多国籍企業は、世界の至るところに子会社や支社をもち、原材料調達・製品開発・生産・販売活動などを本社が一元的に管理して、企業内国際分業を展開しようとする。ここにおいてマーケティングは、世界市場戦略に基づく国際マーケティングとして展開されるに至った。

　1960年代の高度経済成長から1970年代にかけて、コンシューマリズム、大気汚染、振動・騒音などの公害問題、資源・エネルギー問題などの経済問題が顕在化し、社会的圧力にマーケティングがどう関わりあっていくかということが重要な課題となった。その対応として、マーケティングの概念の拡張が要請され、ソーシャル・マーケティングが提唱された。1つの方向は企業の社会的関わり方の問題である。レーザー（W. Lazer）の論文「マーケティングの変わりゆく社会的関係」から端を発し、コンシューマリズムの高揚に応え、有害商品・誇大広告・公害などの社会問題に配慮し、企業の社会的責任を自覚して

8）岩永忠康編著『マーケティングの理論と戦略』五絃舎、2016年、17頁。

行うマーケティングを唱え、マネジリアル・マーケティングの補強を目指した。もう1つの方向は、コトラー（P. Kotler）流のマーケティングの非営利組織への拡張である。これは、体系化されたマーケティング諸技法を営利組織（企業）だけでなく、非営利組織（政府、地方自治体、学校、病院など）にも適用した[9]。

第4節　戦後日本のマーケティングの展開

　日本のマーケティングは、戦前において配給や商業という用語を使って、マクロとミクロの両面から、商品・サービスの流通合理性の研究がなされた。実務の世界では、戦後のアメリカ・マーケティング導入以前においても、販売の合理化、広告、市場調査、取引技術の向上努力など、マーケティングという用語を使わないとしても、市場を念頭においた企業の経営努力がなされた。
　マーケティングが産業界に注目を浴びるようになったのは、当時設立間もない日本生産性本部が、生産性向上運動を進める事業の一環として、1955年トップ・マネジメント視察団を組織し、アメリカ産業界の実情視察に行き、マーケティングという経営技術を持ち帰った時に端を発する。マーケティングの重要性を強く認識した同本部は、翌1956年3月、当時、菱沼勇（海外貿易振興会副理事長）団長以下11名による「マーケティング専門視察団」を組織し、アメリカ各地の生産会社、販売会社、調査機関、経済団体、大学などを歴訪し、調査・視察を行い、帰国後、調査結果を産業界へ報告し広めることにより、マーケティングの経営技術力としてのインパクトを産業界に与えた。ここにおいてアメリカ・マーケティングが、はじめて組織的かつ体系的に、日本の産業界に導入された。それが、一般に戦後のマーケティングといわれるマーケティング・マネジメントであり、また、マネジリアル・マーケティングであった。その導入主体は、日本の大規模製造業であった[10]。

---

9) 鳥越、前掲書、10-11頁。
10) 安部文彦・岩永忠康編著『現代マーケティング論―商品別・産業別分析』ミネルヴァ書房、1998年、4-5頁。

第2章　マーケティング戦略

第1節　マーケティング戦略の概念

　一般に、戦略という概念は、ある主体が自らを取り巻く環境に何らかの働きかけを行う際に、ある一定期間、一貫して維持される方針や政策を意味する。これに対して、戦略の枠内で状況に応じて機敏に変化させる方針は、戦術と呼ばれる。このため、戦略は大状況・全体方針、戦術は小状況・部分的方針ともいわれる。また、戦略の概念は、主体が環境全体にまんべんなく働きかけるというより、目的を達成するためにキーとなる要因に働きかけるという意味がある[1]。

　マーケティング管理の中心課題はマーケティング戦略の決定である。次にマーケティング実施計画としてのマーケティング戦術が決定される。そもそも、企業はその存続・成長のために経営資源（組織・事業・製品など）のすべてを市場に適応させる。市場に対する企業の適応戦略がマーケティング戦略である。マーケティング戦略の対象は、顧客あるいは消費者の集合としての需要ないし市場であり、その意味でマーケティング戦略は本質的には需要戦略である。したがって、マーケティング戦略は需要の予測に基づき、それに対応して供給を調整するだけでなく、需要を創造する[2]。企業は、市場の中から魅力的な需要部分を探索・発見・確定し、その中心的なニーズをマーケティング戦略に取り込み、さらにそのニーズを満たしながら最終需要を調整する。それと同時に、市場ないし需要をめぐる競争相手の敵対行動を無視できない。なぜなら、マー

1）薄井和夫『はじめて学ぶマーケティング［基礎編］―現代のマーケティング戦略』大月書店、2003年、9頁。
2）斉藤雅通「経営戦略とマーケティング・マネジメント」保田芳昭編著『マーケティング論』大月書店、1993年、70頁。

ケティングは、競争相手にはない差別的優位性ないし競争優位性の確立を目指す競争手段だからである[3]。

　マーケティング戦略は、マーケティング諸活動の全体にわたっているか否かによって部分戦略と全体戦略に分けられる。まずマーケティングの部分戦略は、マーケティング・ミックスを構成する製品・価格・流通チャネル・プロモーションなどマーケティング諸活動のそれぞれ機能領域について行われる戦略で機能戦略とも呼ばれる。部分戦略はマーケティング戦略の1つのサブ・システムであり、全体戦略の下位戦略になる。次に、マーケティング全体戦略は、マーケティング諸活動の機能領域全体に関わるものであり、製品・価格・流通チャネル・プロモーションなどの諸活動を一定の戦略目標達成のために最も効果的に組み合わせる。したがって、マーケティング諸活動の相互連関を把握し、相互バランスを維持しながら、連動・統合する。統合的・全体的視点が必要となるばかりでなく、絶えず変化する消費や需要の動向など市場標的に整合したマーケティング・ミックスの構成が不可欠である[4]。

　マーケティング戦略のオーソドックスな考え方では、マーケティング戦略は、①市場細分化を行って標的市場を選定し、②標的市場に最適なマーケティング・ミックスを構築する、2つから構成される。これは、最も古典的なマーケティング戦略の定式化である[5]。一方、マーケティング戦略について、最もよく知られている枠組みSTPとは、市場細分化（Segmentation）、標的市場の選定（Targeting）、ポジショニング（Positioning）の頭文字をとったものである[6]。

3）市川貢「競争行動」三浦信・来往元朗・市川貢『新版マーケティング』ミネルヴァ書房、1991年、89頁。
4）橋本勲『現代マーケティング論』新評論、1973年、162-163頁。
5）A.R. オクセンフェルト「市場戦略の形成」E.J. ケリー、W. レイザー編、片岡一論他訳『マネジメント・マーケティング 上』丸善、1969年、94-104頁。薄井和夫、前掲書、9頁。
6）酒井光雄『成功事例に学ぶマーケティング戦略の教科書』かんき出版、2013年、33頁。

第 2 節　マーケティング環境と戦略

1．マーケティング環境

　企業は、その存在理由や目標を定めて事業活動を遂行する。そのためには、まず企業理念やミッション（使命）を設定し、次にそれらを実現するための目標を設定する。さらに主要な事業領域（ドメイン）を選択する。その際に用いられるマーケティング環境を外部環境と内部環境に分け、さらに外部環境はマクロ環境とミクロ環境に分けて考えられる。

　外部環境としてのマクロ環境を把握するには PEST 分析が挙げられる。すなわち、政治（Politics）、経済（Economics）、社会（Society）、技術（Technology）である。PEST 分析は、幅広い側面から外部環境を捉え、その変化を敏感に察知し、経営戦略ないしマーケティング戦略を外部環境の変化に対応する[7]。

　マクロ環境から特定産業ないし業界に的を絞り込んだ環境がミクロ環境である。これはある産業ないし業界の魅力度を判断する際に、業界を取り巻く環境について分析できる。ミクロ環境分析のツールとして、ポーター（Michael E. Porter）は 5 つの競争要因を挙げる。これは、対象とする業界の魅力度を測る有用な枠組みとなる。これによれば、業界の競争には、①競争業者、②新規参入者、③代替品、④売り手（供給業者）、⑤買い手という 5 つの競争要因が存在する[8]。簡単に説明を加えておこう。

①競争業者―業者間の敵対関係
　　業界内での狭義の競合状況である。
②新規参入者―新規参入の脅威
　　業界外からの新規参入者の状況である。
③代替品―代替製品・サービスの脅威

---

[7] 久保田進彦・澁谷覚・須永努『はじめてのマーケティング』有斐閣、2013 年、88–89 頁。
[8] M.E.Porter 著、土岐坤・中辻万治・小野寺武夫訳『競争優位の戦略』ダイヤモンド社、1985 年、8 頁。

既存製品に代わるような代替的な製品が開発され、市場に参入することである

④売り手（供給業者）―売り手の交渉力

売り手（供給業者）の交渉力の強さの程度である。

⑤買い手―買い手の交渉力

買い手の交渉力の強さの程度である。

内部環境分析としては、バーニー（Jay B. Baney）のVRIOフレームワークが挙げられる。これは、企業が実施する活動を経済価値（Value）、希少性（Rarity）、模倣困難性（Inimitability）、組織（Organization）の4つの視点から評価・分析する。経済価値とは、自社が所有する経営資源や能力である。希少性とは、競合企業が経済価値（経営資源や能力）を保有する度合いである。模倣困難性とは、経済価値や希少性が高くても、競合企業が容易に模倣できるかどうかによって競争優位の持続可能性が左右されることを意味する。組織とは、現在の組織体制が、自社の経済価値と照らし合わせて最適であるかどうかが課題となる[9]。

この分析の目的は、人・モノ、資金、情報といった経営資源ないし組織能力について、各要素の競争優位の程度を把握することにある。具体的目的の1つは、自社のコア・コンピタンスを見出すことである。コア・コンピタンスとは、他社には提供できないような効用を顧客にもたらす企業内部に秘められた独自のスキルや技術の集合体を指す[10]。

2. マーケティング環境に対する戦略分析

(1) ポートフォリオ分析

内部環境には、自社がどのような経営資源を保有しているかだけでなく、どのように経営資源を配分しているかという視点も重要である。目的に適した環境分析の枠組みがポートフォリオ分析であり、ボストン・コンサルティング・

---

[9] J.B.Barney 著、岡田正大訳『企業戦略論―競争優位の構築と持続（上）』ダイヤモンド社、250頁。
[10] 久保田進彦・澁谷覚・須永努、前掲書、93頁。

グループ（BCG）によって提唱されたプロダクト・ポートフォリオ・マネジメント（PPM）が一般的である。製品ポートフォリオ分析（PPM）には、ヘンダーソン（Bruce D. Henderson）によれば、企業が成功を収めるためには、それぞれの成長率と市場シェアの異なる製品群のポートフォリオをもつことが必要であり、よいポートフォリオの構成のためには、キャッシュ・フローが全体としてバランスすることである[11]。

図2-1　BCGのポートフォリオ分析

	市場シェア 高	市場シェア 低
市場成長率 高	①スター（花形）	③問題児
市場成長率 低	②金のなる木	④負け犬

出所：Bruce B. Henderson, *Henderson on Corporate Strategy*, Cambridge, MA. Abt Books, 1979, p.165, 土岐坤訳『経営戦略の革新』ダイヤモンド社、236頁より作成。

　PPMは、成長率を縦軸、市場シェアを横軸にとり、それぞれ高低で2つに分けて4つのセルを作り、市場シェアも成長率も高いセルを「スター（花形）」、市場シェアは高いが成長率が低いセルを「金のなる木」、市場シェアは低いが成長率が高いセルを「問題児」、市場シェアも成長率も低いセルを「負け犬」とする。それぞれの戦略目的は以下の通りである。スター（花形）は市場におけるリーダーシップの維持が主たる目的になる。金のなる木は資金吸い上げ＝収穫を主要な戦略目的とする。問題児の場合、主要な戦略目的は投資―成長あるいは撤退である。負け犬に関しては撤退もしくは現レベルでの存続が戦略目的になる。

（2）SWOT分析

　企業を評価・分析する手法としては、自社の環境を統制可能な内部環境

11）岩永忠康編著『マーケティングの理論と戦略』五絃舎、2016年、41頁。

と、統制不可能な外部環境に分けて分析する SWOT 分析というツールがある。SWOT 分析とは内部環境である強み（Strength）と弱み（Weakness）、外部環境である機会（Opportunity）と脅威（Threat）の頭文字をとったものである。

図 2-2　SWOT 分析

	プラス要素	マイナス要素
内部環境	強み（Strength）	弱み（Weakness）
外部環境	機会（Opportunity）	脅威（Threat）

出所：久保田・澁谷・須永、前掲書、84 頁より作成。

　内部環境としての強みとは、経済価値や場合によって競争優位を創出する経営資源とケイパビリティである。それに対して、弱みとは、強みがもたらす経済価値の実現を困難にするような経営資源とケイパビリティ、もしくは戦略実行に用いられると、企業の経済価値を減じてしまうような経営資源とケイパビリティである。また外部環境としての機会とは、企業が競争上のポジションや経済的パフォーマンスを向上させるチャンスである。それに対し、脅威とは、企業の外部にあって、経済的パフォーマンスを減殺する働きをするすべての個人・グループ・組織である[12]。

第 3 節　マーケティング戦略の展開

1.　市場細分化戦略

　マーケティング戦略の対象は、顧客あるいは消費者の集合としての需要ないし市場であり、その意味でマーケティング戦略は本質的には需要戦略である。

---
12) J.B.Barney 著、岡田正大訳、前掲書、53 頁。

そのなかで最も重要な需要戦略は市場細分化戦略である。

市場細分化戦略は、市場を漠然として全体的に把握するのではなく、消費者需要の特質に対応して市場全体をいくつかの市場セグメントに分割し、セグメントごとに戦略目標を選定し、標的市場の特質に適応したマーケティング・ミックスを構成する[13]。市場細分化戦略は、無差別的マーケティング、差別的マーケティング、集中的マーケティングという3つの形態がある[14]。

(1) 無差別的マーケティング

これは、市場全体を1つの標的市場として捉え、漠然として市場全体を追求するので、市場全体を単一製品で大量に販売しようとするものである。そのため、生産コストの低減をもたらし、さらに物流コストやプロモーションコストなども有利に展開できる。

(2) 差別的マーケティング

市場全体を需要の特質に応じて多くのセグメント市場に分割し、セグメントごとにそれに対応した異なったマーケティング活動を行い、各セグメントに対して細分化した製品を細分化したプロモーション活動などによって市場全体を獲得する方法である。そのため、少量生産になりやすく大量生産・大量販売による規模の利益は期待できないが、製品多様化へと発展する可能性は高く、それだけ消費者ニーズの多様化に有利に対応できる。

(3) 集中的マーケティング

細分化した市場セグメントの1つあるいは少数部分を市場標的に選定し、限られた市場標的にマーケティング活動を集中する。これは、1つあるいは少数の特定市場に限定する商品の生産に特化する中小企業にとっては効果的なマーケティングである。

2. 企業タイプ別のマーケティング戦略

リーダー(トップ)型企業、チャレンジャー型企業、ニッチャー型企業、フォ

---

[13] 橋本勲、前掲書、186頁。
[14] 同上書、188-189頁。

ロワー型企業など、市場における地位によってマーケティング戦略が異なる。

　リーダー型企業は、産業部門内で最大の相対的経営資源を有する企業である。ほとんどの場合、リーダー型企業は産業部門内で最大の市場シェアを有し、総合的な独自能力の優位性を有し、他の競争企業から市場シェアをめぐって挑戦を受けている。したがって、マーケティング戦略としては、最大の市場シェア、最大限の利潤、名声やイメージの確保にある。基本戦略は、これまで育成した市場全体に対してオーソドックスな全体的な戦略が展開される。

　一方、チャレンジャー型企業は、リーダー型企業に準ずる相対的経営資源をもち、しかもリーダー企業との市場シェアを競いうる地位と意欲をもつ企業である。ただ、リーダー型企業に比べて際立った総合的な独自能力の優位性は有していない。基本戦略としては、リーダー型企業と同じ魅力ある市場に向けて、リーダー型企業と異質の差別化戦略がなされる。

　また、ニッチャー型企業は、相対的経営資源や意欲において市場シェアを狙う地位にはないが、何らかの独自性を有する企業である。そのために基本戦略としては、市場細分化を通じてある特定部分に徹底して集中し、他の競合相手が諦めてしまう適所を掴むことである。一般に市場が成熟化すればするほど、深耕の奥行は深まるので、間口を絞った多くのユニークなニッチャー型企業が存立可能になる。

　さらに、フォロワー型企業は、相対的経営資源や意欲において市場シェアを狙う地位になく、独自性をも有していない企業である。基本戦略としては、リーダー型企業やチャレンジャー型企業と競合せず、むしろ彼らの優れたやり方を模倣して利潤率のやや劣る市場に向けて打ち出すことである[15]。

---

15) 嶋口充輝『統合マーケティング―豊饒時代の市場志向経営―』日本経済新聞社、1986年、98-107頁。

第3章　製品差別化戦略と市場細分化戦略

第1節　製品差別化戦略

　差別化戦略とは、企業がライバル企業との競争に勝利するために有利な市場地位を確立することである。マーケティング活動における、製品、価格、流通チャネル、プロモーションなどすべての活動において差別化はみられるが、特にその中でも基本的かつ中核となるのは製品の差別化戦略である。企業は、大量生産、大量消費といった市場全体を同質のものとして捉えていたマスマーケティング時代を経て、消費者の多様化に対応するために、ターゲットを絞り込んだ製品の販売により他社製品との差別化戦略に乗り出した。今日の競争が激しい市場においては、製品によって競合他社の製品と識別することにより顧客を引き付けることは、企業の存続のカギとなっており、企業は常に研究開発を行い新製品開発はもちろんのこと、既存製品の改良によって他社との製品差別化を図っている。

　企業が、他社との製品差別化を見出す場合、製品の差別化の源泉を複合的に捉えると3つのレベルに分けられる[1]。

　一般的に、製品は3つの階層レベルに分類されるが、その中核をなすのは、消費者や生活者がある製品に期待する便益・サービスである。つまり、消費者が製品を購入するのは、生活をしていくうえで必要となるニーズを具体化したり、あるいは充足したりするものや目的を果たすことが可能となるものが製品概念においては中核となる。そして、製品の中核となる便益を取り巻く2つ

---

1) P. コトラー著、和田充夫訳『マーケティング原理−戦略的アプローチ−』ダイヤモンド社、1992年、12頁。

目の階層には、実質的に製品を形成する成分、品質、特徴であり、さらに主にイメージを形成するスタイル、パッケージング、ブランドなどの感覚部分である。さらに、その周りを取り巻くのが保障、アフターサービス、取り付け、配達、信用供与など製品売買により生じるさまざまな付加部分となる。

このように、製品とは目にみえる特徴や特性ばかりではなく、顧客のニーズを満足させるさまざまなベネフィットの束として捉えられるため、製品差別化においては、顧客に対してどのような製品を提供するのかを決定する必要がある。現代社会においては、同じようなベネフィットを提供する企業が多数存在するため、多くの競合製品の中で、自社製品の差別化を複合的に考えることにより自社の製品に特徴を出し、競合製品との違いを強調して自社製品に対して顧客の支持を得ようとしなければならない。

図 3-1　商品の 3 層構造モデル

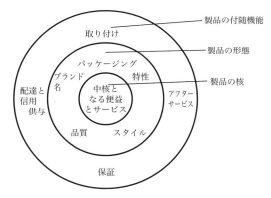

出所）P. コトラー・G. アームストロング著、和田充夫監訳『マーケティング原理 第 9 版』ダイヤモンド社、2003 年、349 頁。

第 2 節　市場細分化戦略

企業がマーケティング活動を展開する上で、最初に取り組まなければならないのは、個々の製品・サービスや事業に関するマーケティング目標の具体化である。マーケティング目標においては、個々の製品・サービスや事業について、

一定期間の売上、マーケットシェア、利益率などについて具体的に設定する。

マーケティング目標が確認されると、次はその目標を達成するためにSTPと呼ばれる、セグメンテーション、ターゲット、ポジショニングを検討し、コンセプトを明確にする。特に今日の成熟化した市場では、顧客ニーズは多様化しており明確な商品コンセプトの設定は極めて重要になる。

マーケティングにおける「STP」とは、「セグメンテーション(Segmentation)」、「ターゲティング(Targeting)」、「ポジショニング(Positioning)」の3つの頭文字をとったものであり、効果的に市場を開拓するためのマーケティング手法として、自社が誰に対してどのような価値を提供するのかという問題を明確にするための手法として提唱された[2]。

現在では、すべての顧客のニーズに対応でき、しかもすべての人から受け入れられる商品やサービスの提供は不可能なため、特定の層に焦点を当てる。そこで、似通った特性をもつ顧客のグループ化によってターゲットを絞り込む。

このように、企業は顧客のニーズを絞り込み、市場を細かく細分化し(マーケット・セグメンテーション)、その細分化した市場(セグメント)に向けてターゲットを定めるとともに、その商品やサービスが自社においてどのような地位に位置づけるのか(ポジショニング)という綿密な作業が必要となる。セグメンテーションの具体的な基準は、以下に挙げる分類方法がある。

1. Market Segmentation（マーケット・セグメンテーション）

マーケット・セグメンテーションは、市場全体(マス・マーケット)をさまざまな変数により細分化して、その一部を標的市場として絞り込むための準備である。一般的に市場の細分化を、マーケット・セグメンテーション、あるいは単にセグメンテーションと呼ぶ。また、同質的な部分集合市場である細分化された変数をセグメントと呼ぶ。現代の成熟社会では、マーケット・セグメン

---

[2] ノースウェスタン大学ケロッグ大学院教授であるフィリップ・コトラーが、最初に提唱した理論の一つであり、製品やサービスのマーケットを細かくセグメンテーションすることにより、マーケティング戦略を立案する場合に使われているマーケティングのフレームワークとされている。

テーションによって顧客のニーズやウオンツを捉え、顧客のグループを認識することにより、各々に求められる製品戦略を立てることができる。

マーケット・セグメンテーションは、さまざまな角度や方面から市場調査が行われ、ユーザー層、購買層といった形であぶり出すことにより切り口を探しだしていく。そして、市場に属している顧客の特性を根拠として、市場分割が行われる。

一般的にセグメンテーションに用いられる変数としては、「人口動態変数（Demographic Variables）」、「地理的変数（Geographic Variables）」、「心理的変数（Psychographic Variables）」、「（購買）行動変数（Behavioral Variables）」がある。

人口動態変数・デモグラフィック（Demographic Variables）

年齢、家族構成、世帯規模、性別、所得、職業、教育水準、宗教、人種、世代、国籍、社会階層などの属性で区分する方法である。日本では、宗教観がないことや社会階層が明確に区別できないため、通常は宗教、社会階層などは用いられないが、諸外国では重要なセグメントの基準となる場合も多くみられる。この変数がよく用いられるのは、他の変数と比較して測定しやすいという理由や他の変数で分類する場合でも、人口統計的要因は基本的な変数として考える場合が多いからである。ターゲットが明確となるようなアパレル業界やスポーツ業界などでは、年齢や性別などが変数としてよく使用されたり、また自動車業界などでもミニバン、スポーツカーなどターゲットを絞り込むような車種にはこのタイプの変数が使用されたりする。

地理的変数・ジオグラフィック（Geographic Variables）

地理的に分割する方法であり、市場を国家、地域、当道府県、市町村などの行政単位、また気候や人口密度などの属性でセグメントするものである。自社の活動する中心領域を国内に限定したり、都市部や郊外に設定する場合などでは、セグメンテーションに地理的変数を用いる場合がみられる。例えば、醤油、ソース、味噌など地域性の高い食品や、ターゲットを絞り込んだり、気候や天

候が左右されるようタイヤなどの製品にも、このような変数は重要となる。

心理的変数・サイコグラフィック（Psychographic Variables）

　消費者ニーズが多様化したり高度化したりするにつれて、人口動態や地理的変数を基準とした市場細分化だけでは消費者のセグメント化は難しくなってきた。そのような状況下で、心理的変数、サイコグラフィック要因、あるいは社会心理学基準と呼ばれる変数が生まれた。この変数は、人間の持つ価値観、ライフスタイル、性格、個性、嗜好性などで分類する方法であり、心理学、社会学、社会心理学などにより規定される概念である。消費者の主観的な部分に関するデータに基づくものであるが、アンケートからの結果などから変数を導きだし、セグメンテーションの変数として設定するため、多大なコスト、労力、時間を要する。例えば、ライフスタイルの変数としては、特定の製品に関連したライフスタイルについて、どのような活動、関心、意見がみられるのかという視点から消費者行動を分析するAIO分析では消費者の活動(Activities)、興味(Interest)、意見（Opinions）を有しているかを、分類されたカテゴリーに対して、被験者に口頭などで質問を行うことでデータを収集し、その結果から消費者の価値観やライフスタイルを分類するVALS（Values and Lifestyles）などがある[3]。

行動変数（Behavioral Variables）

　製品の利用状況や購買頻度、製品に求める価値、製品に対する態度などの属性により分類する方法である。例えば、製品やサービスの購買頻度などによって、ヘビーユーザー向け商品、あるいはライトユーザー向け商品というように、新製品開発や広告作成時にターゲットを明確にできる。また、製品に対する知

---

[3] AIO分析は、1971年Wells, William D. and Douglas J. Tigertによって発表された。いっぽう、VALSは購買決定プロセスにおける消費者の行動を予測するために心理学的理論と社会学的理論に従って消費者を類型化したスタンフォード研究所のライフスタイル分析であり、9つのライフスタイルに分類し、それぞれの特性を分析し提唱している。日本では、NTTデータ通信株式会社が日本流に修正を行って、ジャパン・バルス（Japan-VALS）として提供している。

識、態度、使用状況などの行動変数によって市場を細分化できる。例えばビールやウイスキーなどのアルコール市場では、愛飲家をヘビーユーザー、ミドルユーザー、ライトユーザーというような日常的な飲用量で分類することによって、きめ細かなマーケティング戦略を展開できる。

第3節　ターゲティング（Targeting）

　市場細分化によって、各セグメントの市場機会が明らかとなると、企業はそれらセグメントの魅力度を評価し、どのセグメントに向けてターゲットを設定するかを検討する。ターゲットを定める際の評価基準としては、市場規模や成長性、市場やセグメントの長期的な魅力度（ライバル企業、潜在的な参入企業の有無、代替製品、買い手、供給業者など）などがあるが、これらを十分に検討したうえで市場へ参入するかどうかを見極める必要性がある。

　市場のターゲティングには、広く設定する無差別型マーケティング、中間の差別型・集中型マーケティング、極めて狭く設定するマイクロ（集中型、ニッチ・マーケティングなど）の大きく3つのレベルに分類できる[4]。

　また、その際には自社の戦略や長期的目標と合致しているかどうかという点や、ターゲットとして設定したセグメントで十分な収益をあげるための必要なスキルや資源を有しているかなどについても考慮する。その際に、外部環境や内部環境における強みや弱みを把握するための有効な手段となるのがSWOT分析、あるいはTOWS分析である。

　SWOT分析とは、企業自身の内部環境要因、すなわち自社における強みと弱み、さらには外部環境要因における機会と脅威を明確化するものであり、企業の環境分析において有用なツールとして用いられる。SWOTとは、強み（Strength）、弱み（Weakness）、機会（Opportunity）、脅威（Threat）の頭文字を表したものであり、この分析を通して自社の環境、あるいは外部の環境を検

---

4) P. コトラー、G. アームストロング著、恩蔵直人訳『コトラー、アームストロング、恩蔵のマーケティング原理』丸善出版、2014年、95-98頁。

討することにより自社の立場と社内外の環境を知ることができる。

　今日の激しい企業間競争の中で、企業の外部環境について内部環境よりも先に検討することにより、自社の内部環境の脅威や機会という狭い視野をまず考えるよりも広い視野に立った視点で戦略を考えるという TOWS 分析（The TOWS matrix: a tool for situational analysis）という概念も登場した[5]。それは、脅威（Threat）や機会（Opportunity）などの外部環境要因（経済、社会、政治、人口統計、製品と技術、市場と競争状況、技術革新、法令・社会環境・文化の変化など）を、弱み（Weakness）や強み（Strength）などの自社の内部環境要因（マネジメントと組織・人材、オペレーション、財務、製造能力、マーケティングの 4P「Production（商品）、Price（価格）、Promotion（販売促進）、Place（立地・物流）」）よりも優先させて分析する方法である。

　いずれにしろ、企業や事業のマーケティング戦略を立案する際に使われる分析フレームであり、組織の外的環境に潜んでいる機会、脅威となる事項と、その組織・事業が内部に持つ強み、弱みと考えられる事項の組み合せから、将来においてあり得る状況とそれに対する対策を導き出すという戦略的策定手法を提示する。

第4節　ポジショニング（Positioning）

　現代社会においては、企業が他社との製品差別化を睨んで決定した製品の位置づけも他社でも同様の製品を想定している場合も少なくない。そのため、ター

---

[5] この手法は、もともとサンフランシスコ大学ビジネス＆マネジメント・スクール教授のハインツ・ワイリック（Heinz Weihrich）が 1982 年「The TOWS matrix: a tool for situational analysis」に提唱したものであり、企業の経営戦略や国の競争優位の研究、戦略策定の定式化のために考案されたとされている。いっぽう、P. コトラーも、SWOT 分析は、外部環境が内部環境要因によって、限定されてしまうなどの問題を回避することができるという考え方から、自社の内部環境分析を行う前に外部環境要因としてのマクロ環境要因（経済、技術、政治、法規制、社会、文化）やミクロ環境要因（顧客、競合他社、流通業者、供給業者）の変化を観察し、関連する機会と脅威を見極めることが現実的であるとして TOWS 分析を唱えている。

ゲットが決定された後には、消費者に対して自社の製品やサービスをどのようなポジションに位置づけるのかを決定する必要がある。それはポジショニングの位置づけにより後に設定するマーケティング・ミックスの展開が大きく異なるからである。

自社のポジショニングを検討する際には、顧客の視点に立ち製品のポジショニングを決定する必要がある。自社製品のポジショニングを明確にする方法としてポジショニングマップがある。これは、顧客が重視する製品特性、製品のもつベネフィットなどの購買決定要因などをもとに2次元のマップを描いて競合他社製品との明確な差別化や自社製品の位置づけを表す方法である。

このように、市場を選択し、効率かつ効果的にマーケティングを実施する方法としてセグメンテーション、ターゲッティング、ポジショニングという市場と競合企業との競争を理解するプロセスが重要な要件となる。

図3-2 ポジショニングマップ例

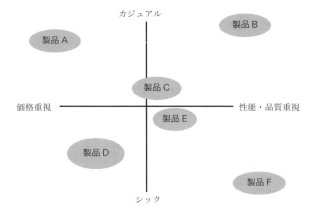

出　所：Bruce B.Henderson, *Henderson on Corporate Strategy*, Cambridge, MA. Abt Books, 1979, p.165, 土岐坤訳『経営戦略の革新』ダイヤモンド社、236頁より作成。

第4章　製品ライフサイクル

第1節　製品の概念

1. 製品とは

製品を構成している要素には、どのようなものが考えられるであろうか。そしてそれらの要素は、全体としてどのような関係にあるのであろうか[1]。

(1) 実態的製品

実態的製品と呼ばれている部分は、製品の特性、品質水準、デザイン、ブランド名、パッケージの組み合わせから成り立つ。普通に「製品」という場合は、この部分を指すことが多い。しかし、マーケティング論における製品概念の特徴は、こうした実態的製品の部分にあるわけではない。その特徴は製品のコア・プロダクトを想定する点にある。

(2) コア・プロダクト

コア・プロダクトとは、消費者が製品を購買する際に期待する中心的な便益（ベネフィット）である。便益（ベネフィット）とは、消費者の側にある種の欠乏状態（ニーズ）に基づいて消費者が認識する製品の主観的な価値を意味する。同じ実態的製品であっても、消費者がそれに求める便益はさまざまである。ここに「売れるものをつくる」ことのヒントが隠されている。

(3) 拡張された製品

拡張された製品とは、製品の取付けサービスやアフターサービス、保証、配

---

1) P. Kotler, G.Armstrong 著、和田充夫監訳『マーケティング原理（第9版）』ダイヤモンド社、2003年、349頁。薄井和夫『はじめて学ぶマーケティング[基礎編]―現代のマーケティング戦略』大月書店、2003年、39頁。

送、クレジットなど、消費者に提供される追加的サービスないし便益からなる。これらは、通常、実態的製品に不可欠の要素ではないが、市場競争や個々の消費者の状態、消費文化の違いなどによっては、極めて重要な要素になる。

2. 製品ライン、製品アイテムおよび製品ミックス

製品計画および製品戦略に関連した次の3つの製品に絡む概念がある[2]。
(1) 製品アイテム― 同一製品ライン内で異なるサイズ、色彩、デザイン、品質などをもち、別々の名称で呼ばれる製品で、一般に製品品目といわれる。
(2) 製品ライン― ある階層のニーズを充足するとか、いっしょに使用されるとか、同じ顧客グループに販売されるとか、同じ型の販路を通じて販売されるとか、あるいは一定の価格の範囲に入るとかの理由によって、密接に関連している製品グループである。
(3) 製品ミックス― 1会社あるいは1事業単位によって販売に供せられている諸製品の組合せであり、換言すれば、製品ラインの全社的組合せである。

なお、製品ミックスには次の3つの局面がある。
(1) 製品ミックスの幅― どれだけの異なった製品ラインが全社内に存在するか、つまり、製品ラインの数によって測定できる。
(2) 製品ミックスの深さ― おのおのの製品ラインのなかでその会社によって提供された製品アイテムの平均数で示される。
(3) 製品ミックスの一貫性― いろいろな製品ラインが最終用途、生産上の用件、販売チャネル、あるいはその他の面でどれだけ密接に関連しているかを示す。すなわち、製品ライン間の関連性、整合性の程度を示す。

第2節 製品の分類

それぞれの製品(製品アイテム)は、性格によってさまざまに分類できる。製品はどのような消費の対象となるかで大きく、生産財と消費財に区分される。

---

2) 鳥越良光『新マーケティング原論』多賀出版、1995年、112-113頁。

生活手段として最終的に個人や家族によって消費される目的で製造、販売される製品群を消費財といい、生産手段として、そうした消費財を最終的に作り上げる前段階で使用・消費されるために生産・販売される製品を生産財という。製品の分類は、製品の素材をもとにした物理的化学的な性質などを基準とするのではなく、製品の機能を軸に、消費者の消費生活のあり方や製品の購買行動の差異に着目して分類する[3]。

(1) 製品の耐久性による分類

製品が消費される際に、どの程度の回数にわたって使用されるのか、あるいはどの程度の期間を通して使用できるのかという点から商品を分類したものである。

耐久消費財―多くの回数の使用に耐えることのできる、したがって長期間にわたって使用できる有形財をいう。

非耐久消費財―1回から数回の使用で消費が終了するか、使用期間が短い有形財をいう。

(2) 消費財の分類

消費財は、消費者の生活において、どのような使われ方をするかによって、それぞれの商品の購入の仕方は異なる。消費財の分類は、商品の買われ方、すなわち購買慣習によって、商品を大きく、最寄品、買回品、専門品に分類される。

最寄品―ジュースや洗剤、ティッシュペーパーといった、日常生活で短期間に消費し尽くす製品のように、消費者が、頻繁に買物をし、しかも購入する際に、製品の比較や購買の意思決定に最小の努力しか払わない製品群を最寄品と呼ぶ。

買回品―購入時に消費者が、自分への適合性や品質、スタイル、価格などについて比較考慮して、自分の欲求を満足させる製品群をいう。

専門品―特定ブランド品のように、消費者が特別の魅力を感じ、あるいはロイヤルティをもち、それを入手するために大きな努力を払うことをいとわ

---

[3] 保田芳昭編『マーケティング論』大月書店、1992年、96頁。

ない製品群をいう[4]。

第3節　製品ライフサイクル

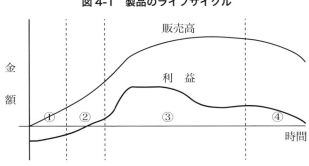

図4-1　製品のライフサイクル

①導入期、②成長期、③成熟期、④衰退期

出所：Philip Kotler and Gary Armstrong, *Principles of Marketing*, 4th ed., Prentice Hall International, Inc., 1980, p.289. より作成。

1. 製品ライフサイクル

　製品計画および製品戦略、広くはマーケティング戦略の立案に際して、もう1つ重要な製品に関わる概念に製品ライフサイクル（product life cycle, PLC, 製品周期）がある。新製品が開発され市場に導入されてから最後に廃棄されるまでのプロセスを、製品のライフサイクルあるいは製品周期と呼ぶ。製品のライフサイクルを何段階に分けるかについては、3段階説から6段階説の種々の方方法があるが、ここでは最も一般的な4段階説を取り上げる（図4-1）[5]。

(1) 導入期

　第1段階の導入期においては、製品が市場に導入され売上高はゆっくりと増大するが、製品導入への過剰出費のために利益は期待できない。この段階で

---

4) 同上書、97頁。
5) 岩永忠康編著『マーケティングの理論と戦略』五絃舎、2016年、69-70頁。

は、新製品が初めて市場に出回り購買者に購買され始め、売上高はゆっくりと増大する。しかし、販売促進支出などの費用が高いため、利益はマイナスかあるいはかなり低い。多くの資金は、有能な流通業者の確保や十分な製品ストックに用いられ、同時に消費者に新製品を知らせるための販売促進活動に向けられる。また、競争企業が少ないために、企業は基本的に製品の生産に専念して、高所得グループへの販売に集中する。製品価格は少量生産による高い生産コストや高い販売促進支出のために高い水準にある。

(2) 成長期

第2段階の成長期においては、製品が急速に市場に受け入れられ、利益が増大する。この段階では、売上高が急速に増大し始め、初期の購買者である高所得グループとともに次第に一般の購買者へ広がる。そのために新しい競争企業が利潤機会の魅力に引かれて市場に参入し始める。その結果、特徴ある新製品が導入されて市場が拡大し、また競争企業の増加が流通チャネルの増加や流通業者の在庫品の増加をもたらす。製品価格は現状のままかあるいはわずかに低下してくる。企業は競争企業と対抗するためにいっそう販売促進支出を増加させ市場の維持・管理を図る。利益は売上高の伸びと単位当たり製造コストの低下のために増加する。この段階では、品質の改良と新モデルや新特徴の追加、新市場と新販路の開拓、製品の報知広告から製品の説得・購買広告への変化、価格引下げなどのさまざまなマーケティング戦略が展開される。それによって企業は、高い市場シェアと高い利益を獲得し、さらに製品改良・販売促進・流通チャネル構築のために多くの資金の投入によって市場での支配的地位を獲得する。

(3) 成熟期

第3段階の成熟期においては、製品はほとんどの潜在的な購買者にまで受け入れられ、売上高はゆっくりと低下していき、利益は競争激化に対するマーケティング経費の増加のために横ばい状態かあるいは減少する。そのために、この段階ではマーケティング戦略が強く要求される。つまり、過剰生産はマーケティング競争を激化させ、売上の低下が企業を販売に集中させる。また、製品価格の低下、プロモーション支出の増加、製品研究開発費の増加などによっ

て利益が減少する。さらに弱小企業は市場から撤退し始める。既存製品を固守することなく、積極的な製品開発・改良や市場開拓などによって、マーケティング・ミックス戦略を変化させ修正する。

(4) 衰退期

第4段階の衰退期においては、売上が急激に低下し、利益が減少する。この段階では、製品の売上が徐々にあるいは急速に減少する。売上の減少は技術の進歩、消費者嗜好の変化、競争の激化などによるものである。売上と利益が減少し赤字になる企業も出てくるので、多くの企業は市場から撤退し、堅実な企業が残存する。残存企業は既存製品の生産と販売を減少させ、市場開拓と流通チャネルを縮小させることによりプロモーション予算をカットし、さらに価格を低下させることもある。そのために、マーケティング戦略としては、既存製品を維持するか撤退するかを決定する。

2. 計画的陳腐化戦略

製品ライフサイクルでは、製品・ブランドに時間の枠組みを設定して戦略を考えるが、製品ライフサイクルに関わる戦略の1つに計画的陳腐化がある。これは、製品が物質的には使える状態であるにもかかわらず、何らかの方法でその製品の使用を止めさせて、新たな製品への買い換えを誘導する。自動車の定期的なモデルチェンジ戦略は典型例である。計画的陳腐化を行う手段は、2つの方法がある。1つは、機能的陳腐化であり、新しい機能の付加や、性能の向上により、旧製品の使用を放棄させ、新しい製品への買い換えを誘導する。もう1つは、心理的陳腐化であり、製品のイメージや雰囲気などを新しくして、買い換えを誘導する[6]。

3. 既存製品の改良と新用途の発見

製品のライフサイクルが導入期・成長期を経過して成熟期に近づくと、当該製品に対する市場は飽和状態となり売上高も伸び悩む傾向にある。このような

---

6) 薄井和夫、前掲書、54頁。

状態を打開するために、しばしば製品改良ならびに新用途の発見が行われる。製品改良には、品質改良、特徴改良、スタイル改良といった3つの形態がある。
(1) 品質改良は、製品の材質・構造・エンジニアリングなどの改良で、製品それ自体の信頼性・耐久性を高める改良である。
(2) 特徴改良は、製品の使用回数を増加したり、使用の便利性・安全性・多面性・能率性などを改善することにより、製品が進歩的・革新的であるというイメージを与える改良である。
(3) スタイル改良は、外観の審美的アピールを高めようとする改良である。

これら3つの製品改良の区別は、実際には必ずしも明確でなく混同した形態で行われる。また新用途ないし新市場の発見は、たいてい新しい標的となる市場セグメントの発見に基づき、それに対応する新たな製品コンセプトの形成を通じて行われる。この場合、付随的には基本的機能の高度化を伴うケースもあろうが、基本的には新たな副次的機能の開発によって対応するケースが多い[7]。

第4節　新製品の開発

製品ライフサイクル戦略は、作られた製品が市場に導入された後の戦略であるが、製品が市場に出る以前に、どのような製品を作るかを計画し実際に製造するプロセスが当然存在する。新製品開発のプロセスは、次のようなものである[8]。
(1) アイディアの創出：一般にいえば、この段階で、消費者のニーズと欲求が汲み尽くされなければならない。このため、ブレーン・ストーミング（他人のアイディアへの批判を控え、できるだけ多数アイディアを出すという方法）やゴードン法（参加者には抽象的な課題のみを与え、司会者のみが予め問題を知っていて議論させる方法）など、さまざまな方法が応用される。
(2) アイディアのスクリーニングと製品コンセプトの開発：提出された多くのアイディアから、実現可能で魅力的なアイディアを絞り込む。そして、

---

7) 岩永忠康編著、前掲書、73頁。
8) 薄井和夫、前掲書、58-60頁。

採用されたアイディアをもとにして、製品コンセプトを開発する。
(3) 事業性分析：製品の開発コストや各種マーケティング上のコスト、市場導入によって見込まれる売上高や利益が見積もられ、それが収益力のある製品であるかどうかの判断がなされる。
(4) テスト・マーケティングと市場導入：製品を本格的に市場に導入する前に、ごく一部の地域や消費者を対象に、テスト的なマーケティングを行う場合がある。以上のような諸段階を経て、新製品は、いよいよ市場に導入される。

第5章　ブランド管理

第1節　ブランドとは

　ブランドという用語は、家畜の識別のために焼き印を押すという意味のburnedから派生した名詞であり、自分の所有物と他者のそれとを区別するためのものといわれる[1]。今日、単に「ブランド」といった場合、それは製品・サービスだけでなく、コーポレート・ブランドやストア・ブランドのようにもっと広い範囲をさす。よって、ブランドについて定義するならば、「企業や店および製品・サービスなどを他のそれとは異なるものとして名称や商標（マーク）などからイメージできる無形の財」といえる。このときの名称や商標をブランド要素といい、標語（モットー、スローガン、キャッチフレーズ）、シンボルなども含まれる。

第2節　ブランドの機能

　ブランドの機能としては、主に識別、信頼、想起、の3つがある。
　1つ目の識別とは、前述したブランドの元来の意味で、差別化された製品・サービスを、消費者が他社のそれと識別するための手掛かりとなることである。商標をみたとたん、どこのブランドのものかがわかるようにブランドは、製品・サービスを識別するための印になる。消費者は、同種同類の製品・サービスがあった場合、購買するか否かは品質、性能、価格などを判断基準と

---

1) 和田充夫・日本マーケティング協会編『マーケティング用語辞典』日本経済新聞社、2005年。

する。製品のライフサイクルが長い場合や、その完成度が高い場合にはコモディティー化が起こる。こうした状況になると企業の多くは顧客吸引のため価格を下げることになる。しかし、それでも差別化が図れなかった場合は、ブランドの識別機能が重要となる。

　2つ目の信頼とは、製品・サービスに対する消費者の信頼を得ることである。ブランドの付与は、高品質や高性能の製品・サービスを供給するという企業の意思表明であり、それは保証の意味合いもある。消費者が購買の際、同種同類の製品で迷ったらブランド名で製品を選ぶことがそれを証明できよう。消費者はブランドが付与された製品・サービスなら安心・安全であると考えるため、もし、欠陥商品を販売してしまうとその信頼も途端に失ってしまう。こうしたリスクを回避するためにも、製品・サービスの品質管理はもちろんのこと、製品の回収やコールセンター、アフターサービスなどといった保証体制の確立が必要となる。

　3つ目の想起とは、ブランド要素によって特定の製品・サービスが連想されることである。ハイブリッド車であればプリウス、清涼飲料水であればアクエリアスといった場合がその例である。

　以上の機能によりブランドの付与は販売促進に寄与する。この3つ以外にも、影響を及ぼすものがある。それは、バンドワゴン効果、スノッブ効果、ヴェブレン効果である。バンドワゴン効果とは、ある製品・サービスに需要が集中すると、多くの人がそのブランドをもっているということはよいものに違いないという意識が働き、購入の動機に結び付くという現象である。スノッブ効果とは、そのブランドをもっている人が多いほど逆に購入したくなくなる。つまり、他の人との差別化を図りたくなる意識が生まれる現象である。この効果は、バンドワゴン効果の逆の意味でもある。こうした意識が生まれることを懸念し、限定品や一部の高級品を品揃えすることで客離れを防ぐ方法をとることもある。ヴェブレン効果とは、価格が高まるほどブランドの効用も高まるという現象で、そのブランドを所有していることを人にみせびらかしたいことが購入の動機となるという現象である。

最後にブランド機能とマーケティング活動の関係について図 5-1 に示しておく。

図 5-1　ブランド機能とマーケティング活動

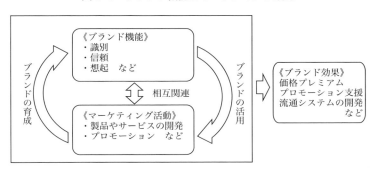

出所：石井淳蔵・栗木契・嶋口充輝・余田拓郎共著『ゼミナール マーケティング入門』日本経済新聞社、2013 年、447 頁を筆者改。

第 3 節　ブランド管理のプロセス

　ブランドはマーケティング領域において企業の有力な資産である。それは事業の収益性や成長性を高めるからである。ブランドを金銭的に価値ある資産とみなすことをブランド・エクイティ[2]という。ブランドの育成・管理は重要であるが、その前提として企業の組織構造をブランド管理に適した組織（ブランド・マネジメント組織）にする必要がある。ブランド管理には企業の組織構造を、製品・サービスを単位としたものから、ブランドを単位としたものへと転換する必要がある。通常、製品・サービスを単位とする組織構造では、プロダクト・マネジャーをおくが、ブランドを単位とする組織構造ではブランド・マネジャーをおくほうが望ましいと考えるのが一般的である。その理由は、ブランドに関するすべての情報を 1 人のマネジャーが管理できるからである。

---

2) D. A. Aaker, *Managing Brand Equity,* Simon & Schuster Inc, 1991, p.17.

本節で述べるブランド管理は、製品・サービスに限定する。その理由は単にブランドといった場合とは違い、ブランド管理といった場合は一般的には販売を対象とするからである。

以下、ブランド管理のプロセスを説明する。

①コンセプトとネーミングの決定

ブランドを立ち上げるためのプロジェクトチームが結成される。そこではターゲットが誰で、そのターゲットに対して何の欲求を満たし、その際どのようなかたちで満たすのかというコンセプトを定める。そして最後にネーミングとキーワード（かわいらしさ、高級感、清涼感などをイメージするもの）を決める。

②商標やデザインの決定

商標は前節で説明した3つの機能のすべてに大きく関係し、消費者の購買意欲を刺激する。商標登録により他の事業者による同一商標、類似商標の使用を防ぐ。デザインには製品そのもののデザインの他、パッケージデザインもマーケティングの観点から重要な役割を担っている。それは、いずれもブランドや商標の表示、デザインとしてのブランド特性など消費者に視覚で認知させる。ただし、デザインについては製品の安全性・機能性・利便性などといった問題から制約がある。例えば自動車の場合は、「安全性」という制約から、キャビンスペースの位置が自ずと決まってくるし、ペットボトル飲料のデザインでは、「機能性」や「利便性」という制約から、形状は類似したものになる。

③製品・サービスの導入

導入期において最大の目的はブランド認知の創造である。そのため、マーケティング活動の内容もそこに重点がおかれる。効果的な流通システムの確立、宣伝広告、適正な価格設定などである。

小川孔輔氏は、強力なブランドは2つの特徴をもっており、1つは誰でも一度は購入したり使用したりしたこと（トライアル）があるもので、もう1つはさらにそのような消費者が繰り返して購入してくれること（リピート）である、としている[3]。リピートが多いブランドは、ブランド・ロイヤルティが高い。

---

3) 小川孔輔『ブランド戦略の実際』日本経済新聞社、2011年、129頁。

ブランド・ロイヤルティとは消費者の特定ブランドに対する一方向的な忠誠心を意味し、これが高まればマーケット・シェアや売上の増大に寄与する。

④ブランドの成長と特性の把握

ブランドの成長はマーケット・シェア、トライアル率、リピート率のデータ変動を測定することで動向を把握できる。この期はブランド・ロイヤルティを高めることが狙いとなる。これらの数値をみることで製品・サービスの特性がわかる。例えば、トライアル率が非常に高くてリピート率を維持している場合（幅広い消費者で安定的）や、トライアル率はさほど高くないがリピート率が非常に高いといった場合（特定の消費者からの支持を得ている）などである。

⑤ブランド拡張

ブランド拡張は、既存のブランドのカテゴリーを活用してライン拡張（バリエーションを広げていくなど）したり、異なるカテゴリーへ進出することである。まったくの新ブランドを立ち上げるより低コストで済むことや拡張によってブランドの認知度が高まるといった期待もできる。

⑥ブランドの再ポジショニング

製品のライフサイクルに関係していずれは売上が横ばいとなり、下降する。その際、製品の再活性化に向けた再ポジショニングをとることが有効となる。具体的にはマイナーチェンジ、新たなモデルの追加、パッケージデザインの変更などである。

⑦その他

ブランド管理のプロセスとして考慮すべき内容としては、ブランド・スイッチ、カテゴリー・マネジメントがある。ブランド・スイッチとは、消費者の加齢、ライフスタイルの変化、ブームなどにより消費者の好むブランドが変化することである。カテゴリー・マネジメントとは、企業内に存在する複数のブランドが、自社ブランド間で市場を奪い合わないように管理することである。こうしたことを避けるためにも前述したブランドのコンセプトやキーワードは重要な意味をもつ。

第 4 節　まとめ

　ブランドは顧客との長期的な信頼関係はもちろん、ステークホルダーとの関係も深める。その結果、事業の成長性や収益性を高める。

　ブランドのさまざまな機能のうち何を育成・活用すべきかを見定めて展開していくべきである。そのためには、流通システム、宣伝広告、販売促進、商品陳列、新たな製品・サービスの開発、価格設定、マーケティングのセグメントなどの活動を継続的に行っていくことになる。

参考文献
石井淳蔵・栗木契・嶋口充輝・余田拓郎共著『ゼミナール マーケティング入門』日本経済新聞社、2013 年。
小川孔輔『ブランド戦略の実際』日本経済新聞社、2011 年。
村松潤一『戦略的マーケティングの新展開』同文舘出版、1994 年。
和田充夫・日本マーケティング協会編『マーケティング用語辞典』日本経済新聞社、2005 年。
D. A. Aaker, *Managing Brand Equity*, Simon & Schuster Inc, 1991.

第6章　広義の販売促進戦略

第1節　販売促進の概念―プロモーションからコミュニケーションへ―

1. プロモーションの概念

　モノ余りが進む今日の日本社会において、企業はそれでもなお収益を上げるべく消費者に選択される商品やサービスづくりを行うとともに、商品やサービスを広く消費者に認知してもらい、購買に結び付ける活動が欠かせない。それが、販売促進活動である。

　販売促進 (Sales Promotion) とは、単にプロモーションと呼ばれることもある。AMA（アメリカマーケティング協会）では、販売促進とは、「(1) 特有の意味では、面接的販売、広告活動、パブリシティ等を除くマーケティング諸活動のことであり、消費者の購買やディーラーの効率性を刺激するような陳列、展示、展覧会、実演その他定式過程のようには繰り返して行われることがない、販売諸努力である。(2) 小売活動においては、面接的販売、広告活動、パブリシティを含む、顧客の購買を刺激するすべての方法である。[1]」と定義されている。

　また、プロモーションは、広義と狭義に分けられるが、一般に、マーケティング戦略におけるマーケティング・ミックス（製品・価格・チャネル・販売促進）の中のプロモーションは、広告、パブリシティとPR (Public Relations)、人的販売、狭義のプロモーションに分けられる。特に、広義のプロモーションには、広告、パブリシティとPR、人的販売があり、それ以外のプロモーション活動

---

1) American Marketing Association, *Marketing Definitions: A Glossary of Marketing Terms*, 1960.（日本マーケティング協会訳、『マーケティング定義集』日本マーケティング協会、1969年）、51–52頁。

を狭義のプロモーションという。

　本章では、特に、広義のプロモーションを、広告、パブリシティとPR、人的販売の視点で捉え、述べていく。

2. 販売促進の役割の変化―プロモーションからコミュニケーションへ―

　今日の販売促進の役割は、インターネットの普及、SNSの利用の拡大、スマートフォンの利用者の増加などによるICT技術の向上や活用によって、急速に変化している。これまでの販売促進は、主として企業側からの一方通行的な消費者への情報提供であったものが、それらによって、比較的容易に企業と消費者の双方向の情報伝達が可能となった。つまり、販売促進の役割は、企業から消費者への一方的なプロモーションとしての役割から企業と消費者との双方向的なコミュニケーションとしての役割へと変化している。

　また、企業価値や製品価値は、これまで企業がプロモーションによって一方的に作り上げてきたのに対して、プロモーション活動が企業と顧客とのコミュニケーション活動へと変化するにつれて、企業価値や製品価値も企業と顧客とのコミュニケーション活動によって共創されるようになった。このような流れは、ブランド価値の共創においても同様である。

3. プル戦略とプッシュ戦略

　販売促進においては、広義のプロモーションである広告、パブリシティとPR、人的販売と狭義のプロモーションの最適な組み合わせ（「プロモーション・ミックス」あるいは「コミュニケーション・ミックス」という）によって最大の効果を上げる必要がある。その際、最適な組み合わせを考える上で重要となる戦略に、プル戦略とプッシュ戦略がある。

　プル戦略とは、広告（TVコマーシャルやチラシなど）によって、消費者に自社の製品を認知してもらい、購買してもらえるように消費者を引き込む（Pull）戦略である。プル戦略は、広告によって消費者を当該商品に惹きつける戦略であるため、人を介さないという意味で間接的に消費者に購買を促す戦略であり、

主に消費財が対象となる。

　プッシュ戦略とは、店員、販売員、営業担当者などの人的販売によって自社の商品を消費者に購買してもらうよう押し込んでいく(Push)戦略である。プッシュ戦略は、人を介して消費者に当該商品の購買を促す戦略であるため、担当者の消費者への購買に向けての説得が何よりも重要である。また、人を介すという意味で直接的であり、生産財（産業材）、消費財ともに活用できる手法である[2]。

第 2 節　広　　告

1.　広告の概念

　広告（Advertising）とは、文字通り「広く告げる」ことである。また、P. コトラー氏は、広告とは、「有料の媒体を使って、提供者（企業）名を明示して行うアイディア、製品、サービスの非人道的提示とプロモーション[3]」と捉えている。さらに、AMAによる定義では、広告とは「名前を明示したスポンサー（広告主）による、すべての有料形態の、アイディア、商品ないしサービスの非面接的な提示および宣伝である[4]」とされている。つまり、広告は、有料であり、広告主が明示されており、非人的であるといえる。

2.　主な広告戦略に関する要素

　主な広告戦略に関する要素には、広告目標の設定、広告予算の設定、広告媒体の決定、広告効果の設定がある[5]。

---

2) 伊部泰弘「プロモーション戦略」片上洋編著、俵谷克美・伊部泰弘共著『マーケティング戦略の新展開』三学出版、2001 年、141 頁。岩永忠康『マーケティングの理論と実践』五絃舎、2012 年、126 頁。
3) Phillip Kotler, *Marketing Management: Analysis, Planning, and Control*, 4th ed. Prentice-Hall, 1980.（P. コトラー著、小坂恕・疋田聰・三村優美子訳、村田昭治監修『マーケティング・マネジメント―競争的戦略時代の発想と展開― 第 4 版』プレジデント社、1983 年）、388 頁。
4) 日本マーケティング協会訳、前掲書、19 頁。
5) 岩永忠康『マーケティング戦略論 増補改訂版』五絃舎、2007 年、130–133 頁。伊部泰弘、前掲書、148–151 頁。

(1) 広告目標の設定

広告の最終目標は、企業の長期安定的な最大利潤の追求にある。つまり、企業全体の目標であるとともにマーケティング全体の目標ともなる。そのため、マーケティング・ミックスを考慮する際におけるプロモーション・ミックスの設計段階において広告目標が設定される。また、目標は、具体的な広告対象によって異なる。製品広告は、消費者の購買を促すことを目標としており、企業広告は、消費者に当該企業のイメージを向上させ、愛顧的動機を促すことを目標とする。つまり、製品広告は、直接的に売上の増加を図る短期的目標が、企業広告は、ブランドや企業の名声を消費者に印象づけることで将来の売上増加を図る長期的目標が主目的になる[6]。

(2) 広告予算総額の設定

広告目標が定められるとその目標を達成するために必要な経費である広告予算総額が設定される。この設定方法には、①売上高百分率法(前期の売上高に一定比率を乗じた額を広告費として計上したもの)、②販売単位法(商品1単位当たりの広告費を割り当てそれに目標売上数量を乗ずることで総予算を算出したもの)、③競争者対抗法(競合企業の広告予算や売上高広告費率を基準に決定したもの)、④支出可能額法(現在広告費として支出できる額を広告費総額とするというもの)、⑤任意増減法(経営トップの判断によってその時々で予算総額を増減するというもの)、⑥目標課題達成法(マーケティング目標を達成するための広告目標を設定したのち、広告活動の種類と規模を決定し、広告活動にどのくらいの費用がかかるかを予測するというもの)などがある。大きく分けると、①から⑤は、広告予算の総額を初めに決めてから各広告活動に振り分ける手法(ブレークダウン法)であり、⑥は、個々の広告活動に対して必要な予算額を積み上げて総額を決める手法(ビルトアップ法)である[7]。

---

6) 岩永忠康、同上、131頁。
7) 電通編・嶋村和恵監修『新しい広告』電通、2006年、136–140頁。

（3）広告媒体の選択

　広告予算が決定されると、どのような媒体を使って広告を行うかといった広告媒体の選択がなされる。広告媒体は、広告主が意図した情報やメッセージを対象者に知らしめるための伝達手段であり、広告主と対象者との間を媒介するコミュニケーション・ツールである。それには、放送広告（テレビ、ラジオなど）、印刷広告（テレビ、ラジオなど）の他、屋外広告（ビルの看板など）交通広告（電車・バスの駅構内や車内吊りなど）、POP 広告（人を惹きつけるための店舗内広告）、ネット広告（バナー広告[8]やフローティング広告[9]）などがある[10]。その中でもテレビ、ラジオ、新聞、雑誌をマスコミ 4 媒体（表 6-1）といい、それぞれの媒体特性を活かした広告戦略が求められるため、各媒体を広告訴求者や広告内容に合わせて利用すべきである。

表 6-1　マスコミ 4 媒体の特性

媒　体	長　　所	短　　所
テレビ	・映像、音声、動きの総合的組み合わせにより、視覚と聴覚の両方に訴求できる ・注目率が高い ・到達範囲が広い ・同時性・即時性がある	・費用が高い ・瞬時的で広告寿命が短い ・視聴者の受信の選択性が小さい
ラジオ	・地域や聴取者層の選択性が高い ・多数の人々を対象にできる ・テレビに比べて費用が安い ・同時性・即時性がある	・聴覚への訴求しかできない ・瞬時的で広告寿命が短い ・テレビより注目率が低い
新　聞	・地域的な選択性が高い ・タイムリーな広告メッセージを送れる ・地域市場のカバレッジが高い	・印刷の質が雑誌や DM にくらべて劣る ・広告寿命が短い ・広告メッセージの閲覧率が小さい
雑　誌	・地域や読者層の選択性が高い ・広告寿命が長い ・閲覧率が高い	・広告が掲載されるまでに時間がかかる ・発行部数と購買部数が一致しない ・メッセージ・コピーの修正や変更についての弾力性がない

出所：来住元朗「広告管理」三浦信・来住元朗・市川貢『新版マーケティング』ミネルヴァ書房、1993 年、230 頁。

---

8) バナー広告とは、ネット上で、画像やアニメーションを使って表現される広告である。
9) フローティング広告とは、ネット上で、他のコンテンツに重なって表示される広告である。
10) 小川孔輔『マーケティング入門』日本経済新聞社、2009 年、454–455 頁。

(4) 広告効果の測定

　媒体を通じて行われた広告活動によってどの程度広告目標が達成できたのかといった広告効果を測定する必要がある。また、その結果をフィードバックし、次回の広告戦略を検討する際に目標の設定、予算の設定、媒体の選択に役立てる必要がある。特に、目標の達成度合いをみるための指標としては、売上高効果とコミュニケーション効果がある。売上高効果とは、広告が売上に対する貢献度合を示したものであり、コミュニケーション効果とは、広告によって引き起こされた消費者の心理的変化の度合いを示す[11]。

第3節　パブリシティとPR

1.　パブリシティの概念と種類

　パブリシティ（Publicity）とは、広告とは違い、P. コトラー氏は、「新聞・雑誌などにニュースとして扱われたり、無料でテレビやラジオで好意的なプレゼンテーションを受けるといった方法による製品やサービス・事業体に対する非人的な需要喚起[12]」と捉えている。例えば、企業が新製品の発売や新事業を始めるにあたり、プレスリリースなどによってニュース性や記事性があると媒体が判断した場合、マスコミ4媒体やインターネットを利用して記事として報道される手法のことである。

　パブリシティのメリットとしては、企業側にとっては、①広告と異なり無料で媒体を使って企業や製品を宣伝してもらえる。②社会で信頼されている媒体であれば、第三者機関としての情報提供であるため、受け手に対して、情報の信ぴょう性や信頼性を与えることになる。③パブリシティがもつ信頼性や中立性といった特性を念頭に置いて予算的に制約のあるプロモーション活動を補完するように、パブリシティを有効に利用することで、効率的、効果的にプロモー

---

11) 来住元朗「広告管理」三浦信・来住元朗・市川貢『新版マーケティング』ミネルヴァ書房、1993年、224頁。
12) P. コトラー、前掲訳書、385頁。

ション効果を上げることができるなどが挙げられる。

　一方、パブリシティのデメリットとしては、企業側から得られた情報をいつどのように報道するか、または使用するかは媒体側に依存されるため、企業側が意図した効果が得られない場合や、あるいは逆効果になる報道がなされたり、使用されたりすることもあるといったことなどが挙げられる[13]。

　また、パブリシティの情報には3種類がある[14]。第1は、ニュース・パブリシティである。これは、経営の重要事項に関しての情報（企業のトップの交代や人事異動、業績予想など）である。第2は、製品パブリシティである。これは、製品に関しての情報（新製品の開発動向、販売価格、消費者の製品評価など）である。第3は、サービス・パブリシティである。これは、サービスに関しての情報（企業主催の公開セミナーや生活情報など）である。

2.　PRの概念と特徴

　PRとは、前述のとおり、"Public Relations"の略語である。また、PRは、パブリック（公衆）との関係を良好にすることを目的としたコミュニケーション活動でもある。それは、従業員や従業員の家族などの企業内公衆と株主・顧客・地域住民・政府などの企業外公衆に分けられる[15]。つまり、それは企業との利害関係者（ステークホルダー）との関係性づくりに活用される。また、PRは、広告と異なり、企業や製品を宣伝する活動ではなく、広報（Public Information：企業、行政、各種団体あるいは個人による大衆に向けての情報発信）やIR（Investor Relation：企業の投資家に向けての経営状況や財務状況などの情報発信）といった形で行われる。また、情報提供という意味でパブリシティとして取り上げてもらえるよう仕向ける活動ともいえる。

---

13)　伊部泰弘、前掲書、152頁。
14)　日本マーケティング協会編『マーケティング・ベーシックス』同文舘、1995年、181頁。
15)　坂本秀夫『現代マーケティング概論』信山社、2005年、122頁。

第4節　人的販売

1．人的販売の概念

　人的販売（Personal Selling）とは、人が関わる販売活動であり、AMAによると「販売を実現することを目的として1人またはそれ以上の見込顧客との会話によって口頭の提示を行うこと[16]」である。つまり、それは直接的なコミュニケーション活動を通して、販売員から見込顧客へ商品やサービスについての情報の伝達や購買の説得を目的として行われる販売促進活動である。また、人的販売は、広告宣伝を通じて行われるプル戦略ではなく、販売員や営業担当者の口頭や動作を通じて行われるプッシュ戦略である。

2．人的販売の種類

　販売員や営業担当者が行う人的販売にはさまざまな手法があるが、ここでは、機能別、取引対象別、製品別の3つに分けて捉える[17]。

（1）機能別人的販売

　機能別人的販売には、創造的人的販売、維持的人的販売、支援的人的販売がある。これらの人的販売が、個別に行われることもあれば、小売店頭で同一販売員によって同時に行われることもある。創造的人的販売は、オーダー・ゲッター（Order Getter）と呼ばれており、主として潜在的需要を発見し、それを新たな顧客へと顕在化させる活動である。維持的人的販売は、オーダー・テイカー（Order Taker）と呼ばれており、既存の取引関係の維持が中心的業務になり、配達、注文、補充、事務的業務あるいはディーラー・ヘルプス（販売店支援）などを行う。支援的人的販売は、原則的に注文活動を行わず、販売における支援のみを行う活動である。その販売における支援活動を行う人には、技術的な説明を行うセールス・エンジニアや卸売業者のために自社製品の注文を

---

[16]　日本マーケティング協会訳、前掲書、44頁。
[17]　日本マーケティング協会編、前掲書、178-180頁。

とるミッショナリー・セールスマン[18]などがいる。

(2) 取引対象別人的販売

　取引対象別の人的販売は、販売業者への人的販売（営業活動）と消費者への人的販売（セールスマン活動）がある。販売業者への人的販売は、製造業者側から卸売業者や小売業者などの販売業者への営業活動を意味する。特に、製造業者の販売業者への関与の度合いによって業務内容が異なる。その関与が強い場合、販売業者の経営問題にまで関わることもあり、ディーラー・ヘルプスが中心となる。その関与が弱い場合、自社製品の取引の拡大が目的となり、リベート[19]やアローワンス[20]、販売促進のための資材提供といった販売促進活動が中心となる。また、ほとんど関与していない場合は、小売店との交渉は、卸売業者に委ねられるため、もっぱら卸売業者との交渉が中心となる。消費者への人的販売は、消費者に対するセールスマン活動であり、訪問販売などによる活動である。生命保険、教育教材などのサービス業や自動車ディーラー、化粧品業界などで多くみられる。

(3) 製品別人的販売

　製品別人的販売では、生産財（産業材）人的販売、消費財人的販売、サービス人的販売がある。生産財（産業材）人的販売は、製品知識が豊富な特定の企業や官公庁に向けた人的販売であり、セールス・エンジニアを必要とする。またアフターサービスなど維持的活動も重要である。消費財人的販売は、不特定多数の消費者が対象となるため、創造的活動が高くなり、オーダー・ゲッターの育成が必要である。サービス人的販売は、サービス財を扱う企業が行う人的販売であり、消費財と同様、不特定多数の消費者が対象となるため、オーダー・ゲッターの育成が必要である。

---

18) その代表例として、医薬品業界でプロパーと呼ばれているMR（Medical Representative：医療情報担当者）がいる。
19) リベート（割戻し）とは、製造業者が取引先との取引契約に基づいて、一定期間の売上高、取引数量や額に応じて支払金額を返金したり、減額すること。
20) アローワンスとは、製造業者が製品の販売促進目的で取引先に支払う協賛金のこと。

3. セールスマンの役割

　営業担当者などのセールスマンは、販売促進活動で中心的な役割を担っており、その役割や責任も複雑多岐にわたる。その役割を5つにまとめてみる[21]。

　第1は、本来の販売活動を遂行するために、市場創造や市場開拓といった創造的販売活動を担うという役割がある。

　第2は、単なる販売担当者ではなく、市場を分析・理解する能力をもったフィールドマンとしての役割を担う。

　第3は、消費者に製品についての的確な技術情報を提供したり、使用上の助言を行うセールス・エンジニアとしての役割がある。

　第4は、製品の販売に付随した多種多様なサービスを提供するため、それらの知識をもち、正確に伝えるセールス・コンサルタントとしての役割がある。

　第5は、自己の担当地域を1つの企業のように運営し、自己の時間と費用を効率よく使用することで収益に貢献するアカウント・マネージャーないし財務アドバイザーとしての役割を担う。

　セールスマンは、以上の5つの役割を担いながら、企業の収益向上のための販売促進活動に貢献する。

---

21) 岩永忠康、前掲書、2012年、137–138頁。

第7章　狭義の販売促進戦略

第1節　狭義の販売促進戦略の意義

　前章で取り挙げた広義の販売促進戦略である全国の消費者に向けて行われる広告や購買意思決定に直接影響する人的販売などを補完・強化する手段として、狭義の販売促進戦略は位置付けられる。市場競争の激化における価値の実現に向けて、販売促進戦略の浸透が細部まで求められる際にそれは有効となる。

　狭義の戦略の目的は①需要の喚起・刺激、需要の創造、②販売抵抗の除去、③商品または店舗に対するロイヤルティの促進、④販売促進の調整などがある[1]。それらは広義の戦略を下支えする戦術的位置付けにある。以下の節で具体的に説明する。

第2節　社内に向けて

　マーケティングは社外、特に、消費者に向けて遂行される活動であるため、社内に向けての活動は経営学に包含される領域であるとも言える。しかし、販売促進戦略全体を有効に機能させるため、社内向けの販売促進的活動も含まれる。商品開発部門、製造部門、経理部門、販売部門、営業部門、広告部門などの活動を有機的に統合しなくてはならない。企業組織が大規模化すると官僚的側面が強められ、円滑な全社的行動が阻害されるからである。狭義の販売促進戦略の具体的活動は戦術的側面があると先述したが、各部門間の調整は戦略的

---

1) 鈴木孝「セールスプロモーション戦略」宇野政雄編著『最新マーケティング総論』実教出版、1985年、120-121頁。

活動である。

　販売会議により各部門の調整を行う。具体的には、新規市場開拓会議、新規チャネル開拓会議、販売割当達成会議など、その実際は多様である。

　人的販売の支援手段として、販売の手引書であるセールス・マニュアルがある。これは販売・接客サービスを標準化するためではなく、商品に関する多様な情報を整理したものである[2]。例えば、修理依頼先、使用方法の問い合わせ先、付属部品、商品の耐用年数や性能上の特質などの情報である。

　人的販売の促進手段として、販売意欲と販売技術の向上を目的とする社内コンテストが開催される。具体的には、研究発表コンテスト、販売実績コンテスト、アイデア・コンテスト、販売改善コンテストなどがある。これらの活動はライバル意識を過度に強め、社内の雰囲気を悪化させる可能性もある。協力関係構築への逆効果となる恐れもある。販売実績コンテストにおいての表彰の在り方を十分検討しなくてはならない。他のコンテストは販売実績向上に関するさまざまな工夫に対して表彰するものであり、多様な視点からの評価が重要である。極端に言えば、全ての従業員が表彰されてもよいであろう。例えば、販売実績は悪くとも、いつも元気を周りに与える行動を評価することがあってもいいのではないか。最終的には従業員全てが互いに認め合う組織作りが重要である。

　さまざまな活動を企業全体に認知させるために、継続発行される印刷物、社内向けハウス・ブォーガンは企業風土・文化の形成のためにも重要である。特に、販売促進活動が積極的になされている様子が伝わることはそれに携わらない従業員に対する動機づけとなる[3]。

第3節　販売業者に向けて

　販売業者に対する販売促進活動は特に重要である。製造企業は商品を生産す

---

2) 拙稿「サービスの生産管理」松井温文編著『サービス・マーケティングの理論と実践』五絃舎、2014年。
3) 鈴木、前掲書、131–132頁。

るものの、その販売を販売業者に任せなくてはならないからである。社会的分業は流通全体の効率性を高めるが、複数の経済主体が1つの商品流通に係わり、各主体が自社の利益の確保を優先するため、マーケティングの意図・目的の貫徹は容易ではない。マーケティングが最も強力に推進される系列化政策においても、営業能力の高い販売業者は競合他社に引き抜かれる可能性があり、戦略的な視点による判断が求められる。

　以下に紹介する活動は基本的に、系列システムもしくは閉鎖的流通システムで採用される。ディーラー・コンテストは販売業者を対象とした自社商品に対する販売意欲の増進を目的とする。売上高コンテスト、陳列コンテスト、接客技術コンテスト、POPコンテスト、チラシ・コンテストなどがある。過度の社内向け販売促進活動はライバル意識の増長につながるが、ディーラー・コンテストはテリトリー制度によって競争関係が排除されているため、良好な関係の下での切磋琢磨の機会となる。全国各地からの参加により、さまざまな情報交換の場ともなる。

　ディーラー・ヘルプスは経営や店舗管理に対する指導・援助、従業員教育・訓練、資金援助、情報提供などにより、各販売業者を経営者的視点から支援するシステムである。これはマーケティングを末端まで貫徹するための活動である。トヨタ自動車のレクサス各店舗はトヨタ系列の自動車ディーラーの中から経営権が獲得される。最高級ブランドであるレクサス店に配属される従業員の教育はトヨタ自動車本社が管理する教育施設にて実施される[4]。

　店頭販売助成は小売店頭での販売に直接関わる支援活動である。POP広告材料の提供、陳列用具の提供、推奨販売員の派遣などである。ディーラー・ヘルプスに対して、店頭販売助成は現場レベルでの支援となる。化粧品流通はその代表である。

　アローアンス提供は特定の拡販努力に対する報奨として現金が支給される。例えば、新商品販売当初、消費者の目に留まることは重要であるため、陳列ア

---

4) トヨタ「富士レクサスカレッジ」、http://response.jp/article/2005/04/18/69942.html。

ローアンスが提供される。宣伝広告アローアンスもある。

条件付帯出荷は特別な条件を付帯させての出荷システムである。ディーラー・プレミアムの例として、旅行・イベントへの招待、物品・現金プレミアムなどがある。特別出荷の場合、出荷量よりも少ない量の価格にて出荷する内増し付出荷、現金割引出荷などがある[5]。

第4節　消費者に向けて[6]

以下にある消費者に向けての活動は広く一般的に認知されており、狭義の販売促進活動の中にあって、消費者の購買意欲を直接的に押し上げる。大量生産された商品は消費者が至る所の小売店でみかける。それはブランドの認知を広める。しかし、小売経営者からすれば、競合店でも同じ商品が販売される可能性は高い。経済的に合理的な判断をする姿勢、経済合理性に従えば、同じ商品であるならば、購入時の効用が高い方を消費者は選択する。商業の原理ではそれは低価格に導かれる。ところが、消費者にとっての効用は低価格だけではなく、小売店でのさまざまな要素にも存在する。他店よりも高い価格であっても消費者は積極的に購買する可能性は十分にある。しかし、その活動主体は小売企業であり、その費用は製造企業が負担しない場合もあり、マーケティングの末端における活動であるものの、小売店間の競争に係わる費用と認識されることもある。

アフターサービスは典型例である。これは商品販売後に提供されるサービスであるが、例えば、自動車の修理サービスは「サービス」という用語で表現されるが、それは価格が設定されたサービス商品であり、販売促進活動とは言えない。しかし、実質的には消費者に対する販売促進の効果が発揮されることもある。販売促進活動と明確に認識されるものとして、無料による一定期間内の品質保証サービスや修理サービスがある。それらは消費者にとって、単なる効

---

5) 鈴木、前掲書、126-128頁。
6) 岩永忠康編著『マーケティングの理論と戦略』五絃舎、2015年、141-142頁。

用になるだけではない。経営側の視点からすれば、それは販売後の消費者との関係性維持のための機会となる。無料サービス提供時における消費者との接点は最も強力な人的なアプローチを可能にする。

サンプリングは日常的な活動の1つである。それは購入経験のない消費者に向けて、基本的には新商品の試用・試食を促す。添付サンプリング、店頭サンプリング、メディア・サンプリング、ダイレクトメール・サンプリングなどがある。サンプリングはアフターサービスとは異なり、提供されたモノ自体のみに効用がある。

消費者プレミアムは消費者を直接的に引き付ける手段として、商品に付随して提供される経済的利益付販売である。景品付販売、懸賞付販売、クーポン付販売などがある。景品付販売は景品自体が魅力となり、商品は捨てられ、景品だけ収集されるという事態を招くこともある。

値引きは小売店での一般的な販売促進方法である。価格を変更することなく、内容量を増量する場合も値引きと認識される。ただし、増量は製造企業によってなされることも多く、そのような場合、マーケティングの末端活動と認識される。

消費者教育は工場見学、各種講習会、展示会・実演などがある。明確な区別は困難であるが、接客サービス提供時に消費者教育がなされることもある。競合商品との差異を明確にするための説明はこれに該当する。

消費者コンテストは自社主催によるクイズ形式、コンクール形式、アンケート形式などによるコンテストにおいて、消費者の購買意欲を高めようとする。

スタンプは商品購入時に金額や数量に合わせて押印することにより、一定程度それがたまれば割引券や景品などが提供される。

＊松井の原稿について、私も含め多くの研究者が懇切丁寧なご指導を頂いています岩永忠康先生による編著『マーケティングの理論と戦略』（五絃舎、2015年）に収められた岩永先生がご担当されました「プロモーション戦略」を土台として、筆者が本章を作成しました。

第8章　メーカー視点の価格戦略

第1節　価格の概念

　商品の価値は、価格という貨幣的表現による希少性の尺度として示される。原理的には価格は需要と供給に依存し、商品が少ない場合には価格が上昇し、消費が少なくなる。反対に、商品が多い場合には価格が下落し、消費が喚起される[1]。しかし、実際の価格は、政府や企業の恣意的決定がなされることもある。市場支配力をもつ企業は、都合の良い価格戦略を展開できる。

　価格設定主体者の観点から、価格の形成・設定の制度的条件を4つに分類できる。1つ目は、農産物などの第一次産業の生産物にみられる市場条件が強く反映される価格である。2つ目は、政府が決定する公定価格や公的機関が認可・統制する価格である。3つ目は、自動車などの寡占企業による管理価格である。4つ目は、百貨店などの大規模小売企業がメーカーや納入業者に対して発揮するバイイング・パワーによって設定された価格である[2]。

第2節　価格設定の要因と目標

　価格設定の際、自社を取り巻く2つの環境要因を把握する。統制可能な内部環境要因として、価格設定の目標、商品コスト、マーケティング・ミックス、

---

[1] 拙稿「価格戦略−新しい低価格戦略−」伊部泰弘・今光俊介・松井温文『現代のマーケティングと商業』五絃舎、2012年、73頁。

[2] 岩永忠康『現代マーケティング戦略の基礎理論』ナカニシヤ出版、1995年、124–125頁。

マーケティング組織などがある。統制不可能な外部環境要因として、政治、経済、需要、競争などがある。とりわけ、前者の商品コスト、後者の需要、競争が基本的要因となる[3]。

商品コストは、原材料費、労務費、経費からなる製造原価に販売費や一般管理費を加えたものであり、価格の下限を規定する。需要は、供給と連動して市場を形成する。正常に機能する市場において、需要供給変化の割合は需要の価格弾力性と呼ばれ、価格設定に影響する。需要の価格弾力性は、価格1％の変化に対する需要の変化率を絶対値で示される。価格弾力性が1より大きい場合は、需要が価格の変化に敏感に反応することを示す。1より小さい場合は価格を変更しても需要は変化しない。一般的に、宝飾品などの専門品は価格弾力性が大きく、米や野菜などの最寄品はそれが小さい。

同属にある企業同士が、同じ対象消費者を奪い合う状態が競争である。各企業は、可能であるならば、商品そのもの以外の要素で差別化を図ろうとする[4]。価格戦略はその1つであり、価格設定は、コスト、需要、競争を中心とする環境要因を念頭に置いてなされる。価格設定目標は明確でなくてはならない。商品コストを基準に、販売量や利潤を予測し、消費者や競争企業の反応などを考慮して、複数の代替案の中から価格を絞り込む。その際、指針となる6つの目標がある[5]。

1つ目は、期間利益が最大になる価格を設定する利益の極大化である。2つ目は、投下資本の回収ができる目標利益率を設定する。3つ目は、市場に占める自社商品の割合であるマーケット・シェアが最大となる価格を設定する。4つ目は、商品コストや需要の変動に関係なく、業界の価格秩序に従い価格競争を避けるように設定する。5つ目は、実勢価格を考慮した価格設定による競争への対応がある。6つ目は、消費者の価格に対する反応を基礎として、需要の価格弾力性を念頭においた価格設定がある。

3）岩永忠康、同上書、126頁。
4）石原武政『マーケティング競争の構造』千倉書房、1988年、57-58頁。
5）岩永忠康、前掲書、127頁。

第3節　価格設定の方式

　コスト、需要、競争のどれを重視するかによる3つの価格設定があるが、需要については第9章で説明する[6]。

　1つ目のコスト重視型価格設定方式は、材料の仕入原価、製造および販売に要したコスト（経費）に利益を加える。これにはコスト・プラス方式、目標利益方式、損益分岐点方式の3つがある[7]。①コスト・プラス方式（原価加算方式）は、原価に一定のマージンを加算する。マージンは粗利益（グロス・マージン）とも呼ばれる。②目標利益方式は、今期の目標利益をあらかじめ固定費に算入し平均原価を求める。前年度の総コストを総販売量で割り、前年度の平均原価を算定する。今年度の総販売量実績が前年度を上回れば黒字となり、逆に下回れば赤字となる。販売量目標は、前年度比で○％アップという形で表現される。③損益分岐点方式は、当初から販売量と収支の関係を明確化する必要がある場合に採択される。固定費が大きく、生産量や販売量によって単位当たりの原価が大幅に異なる場合に有効である。損益分岐点とは、総収入と総費用とが一致する点であり、収支のプラス・マイナスは0となる。この点より販売量が上回る場合は利益が生まれ、下回る場合は損失が生じる。

　2つ目の競争重視型価格設定方式は、コストを念頭に置きながらも、競争企業の価格を基準に価格を導き出す。①実勢価格法について、業界を牽引するプライス・リーダーと呼ばれる企業が決定する価格が業界標準となり、プライス・フォロワーと呼ばれる同業他社は追随を迫られる。プライス・リーダーが価格値下げを行う場合、プライス・フォロワーは追随させられ、規模の経済が機能するプライス・リーダーの利益率が高くなるため、苦戦が強いられる。逆に、プライス・リーダーが高価格を選択した場合には、追随する各社は、非価格競

6）同上書、128頁。
7）日本マーケティング協会編『マーケティング・ベーシックス』（第2版）同文舘、
　2001年、147–149頁。

争する。②入札価格法は、発注企業が提示する条件に最も有利な内容を示した1社に絞り込む方式である。

第4節　新製品の価格設定

　新製品の価格設定方法には、上層吸収価格戦略（上澄み吸収価格戦略）と市場浸透価格戦略がある[8]。上層吸収価格戦略は導入期には高価格を設定して、競争企業の参入以前に上澄みにある消費者を取り込み、それ以降は徐々に価格を下げる。これは革新的な新製品に適用される。冒険心にあふれ新しいものを積極的に購買するイノベーター（革新者）の需要は非弾力的であるため大変有効である。利益率は高いため、新製品開発コストやプロモーション・コストを短期間で回収できる。例えば、ブルーレイ・ディスクプレーヤーや薄型大画面TVなどはその代表である[9]。

　市場浸透価格戦略は、導入当初からの低価格販売により、市場への浸透を一気に試み、市場占有率の確保によって、参入障壁を形成する。短期的には損失を被っても長期的には利益が得られる。需要の価格弾力性が高い商品にこれは有効である。

第5節　価格管理

　長期的利潤の安定確保のため、価格の適切な管理が重要である。それは生産レベルから流通レベルにまで及ぶ。

---

8) 岩永忠康、前掲書、133頁。
9) 平野英一「マーケティング・ミックス戦略」西島博樹・片山富弘・岩永忠康『現代流通の基礎』五絃舎、2011年、162頁。

1．生産段階における価格管理

（1）独占価格

独占市場では独占企業のみが販売するため、利益が最大化する価格となる。化粧品、医薬品などは再販売価格維持制度（小売業者などに対する自社製品の販売価格の指示・遵守）の指定を受けて、独占的な保護を受けていたが、現在では指定を取り消された[10]。

（2）カルテル

同種の商品を製造する企業が、生産数量の調整や価格に関する協定を締結する協調行為がカルテルである。これは競争原理を抑制し価格が高止まりするため、価格基準の商品選択が困難となり、消費者から利益を奪い取る。非効率な企業の温存による経済発展の阻害の危険性があるため、独占禁止法の適用を受ける[11]。例えば、公正取引委員会は 2016 年 7 月 26 日に、ハードディスク駆動装置（HDD）に使用されるサスペンションという板バネ状の部品における価格カルテルの疑いから、国内精密部品の最大手企業である TDK とニッパツを独占禁止法違反（不当な取引制限）容疑で立ち入り検査した[12]。

（3）価格先導制

価格設定に対する協調行動は禁止されている。その一方で、暗黙の了解の下での価格協調行動として価格先導制がある。少数の大企業が高い市場占有率を確保する寡占状態においてみられる。主導的立場にある寡占企業が最初に価格決定した後に、他の企業が相乗りする。これはカルテルに代わる実質的な管理価格である[13]。

---

10) 公正取引委員会「再販適用除外制度」。http://www.jftc.go.jp/info/nenpou/h12/12kakuron00002-11.html（2016 年 8 月 1 日アクセス）
11) 公正取引委員会「不当な取引制限（カルテル）」。http://www.jftc.go.jp/ippan/part2/act_02.html（2016 年 8 月 1 日アクセス）
12)『朝日新聞（web 版）』2016 年 7 月 27 日。http://digital.asahi.com/articles/DA3S12481380.html?_requesturl=articles/DA3S12481380.html（2016 年 8 月 1 日アクセス）
13) 岩永忠康、前掲書、136 頁。

2. 流通段階における価格管理

(1) 再販売維持価格

再販売価格維持は、卸売業者や小売業者に対して販売価格を指示し遵守させる行為である。それに反する行為に対して、違約金徴収や取引停止の制裁を科す再販売価格維持契約によって成立する。販売業者の価格設定の裁量を制限するため独占禁止法に違反する。

(2) メーカー希望小売価格（標準小売価格）

標準的な商品価格を販売業者に提示すれば、独占禁止法に抵触せずに済む。この建値制によってメーカー希望小売価格（標準小売価格）が設定される。小売段階での値崩れを防ぎ、ブランド・イメージの維持が図れる。生産者は建値制によるリベートが小売業者の値引きの原資となる。しかし、近年では、家電量販店やディスカウント・ストアでの低価格競争の激化を受け、希望小売価格制度が崩壊している。

(3) オープン価格

オープン価格は、出荷価格のみを設定し、卸売業者や小売業者の自由裁量に任せる方式である。

3. 業者間取引価格戦略

生産段階と流通段階における価格戦略の補完として業者間取引価格戦略がある。すなわち、生産者の販売業者に対する二次的な価格戦略であり、チャネル戦略に基礎を置く[14]。

(1) 割引戦略

表示価格から取引状況に応じて一定額を割引き、販売促進を図る。表示価格から割引く「業者割引」、大口取引に対する「数量割引」、現金払いに対する「現金割引」がある。

(2) リベート戦略

一定以上の売上実績に対して、事前に取り決めた条件で取引代金を払い戻す

---

14) 同上書、138-139 頁。

仕組みがリベートである。取引実績に相応する形で支給される「販売促進的リベート」、販売能率や店頭陳列の位置などの販売努力に報いる「報奨的リベート」、指示価格維持手段としての「統制的リベート」がある。

［謝辞］岩永忠康先生のご著書『現代マーケティング戦略の基礎理論』(ナカニシヤ出版、1995年)を参考に本章を作成させて頂きました。ここに先生の古稀をお祝い申し上げます

第9章　消費者視点の価格戦略

第1節　はじめに

　消費者は、商品購買の際に、価格に注意を払う。それは消費者にとって金銭的なコストなどを費やすからだ。一方、製造業者、流通業者にとっても価格設定は利益に直結することから重要事項である。しかし、その価格の性質についてあまり知られていない。価格の性質を理解することで、より的確なマーケティング戦略を講ずることが可能となる。本章では消費者視点から価格の機能と判断基準、価格政策を検討する。

第2節　価格シグナル

　価格政策はマーケティング戦略全体に大きな影響を与える。まず商品のイメージを形成する価格のシグナルの特性について考える。価格は消費者に3つのシグナルを送っている。
　第1の価格シグナルは、「コスト（cost）」である。消費者は、商品購入の際、自身の財産から金銭を支払う。これは経済学における価格の主たる意味となる"支出の痛み"として表現される。すなわち、価格は消費者にとってネガティブなメッセージを含むといえる。製造業者、流通業者は支出の痛みの軽減を検討しなくてはならない。
　第2の価格シグナルは、「品質（quality）」である。価格は、消費者の商品情報が不足する場合に、価格を推し量るシグナルが機能する。例えば、購入機会の少ない高級時計など、価格の妥当性を判断する情報が不足する場合、消費者

は品質を価格からの情報によって補おうとする。一方で、食料品など購買頻度が高く既存の情報が十分蓄積されている場合やブランドの認知度が高い場合には、消費者は価格から品質を推し量ることは少ない。価格戦略を講じる際、商品の購買頻度の多寡や消費者の情報保有量について考慮する必要がある。

　第3の価格シグナルは、「プレステージ(prestige)」である。プレステージとは、商品の所有によって得られる名声を意味する。基本的に、消費者はモノから供与される便益（満足感）を購買する。例えば、化粧品の購入目的は、化粧品の収集ではなく、美しさを追求のためである。ただし、商品が有する便益は1つとは限らない。例えば、高級時計の第一の機能は時刻を確認できることにある。この便益のみを消費者が欲しているのならば、高い金銭を払ってまで高級時計を購入しない。購買理由は、それを所有することによって得られる名声としての便益も存在するからである。消費者は本質的に商品に自己表現価値を見出そうとする。それは、商品の所有によって自身が所属する階層を周囲に周知する機能を果たす。これは基本的な便益以外の便益を取得する経済的余裕を周囲に周知させているといえよう。しかし、プレステージの効果は自己表現価値が連動しにくい（周囲の人にアラートされにくい）トイレットペーパーや歯磨き粉などの日用品では発揮されにくい。製造業者は、プレステージが重要視される商品か否かを考慮しなくてはならない。

　この3つの価格シグナルを用いて、商品カテゴリー内のポジショニングの決定にも援用できると上田隆穂氏は主張する[1]。ターゲットとなる消費者層の支出の痛み、品質、プレステージに対する

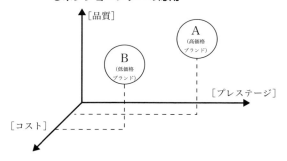

図9-1　価格シグナルを用いた商品カテゴリー内におけるポジショニングへの応用

出所：上田隆穂編『マーケティング価格戦略』有斐閣、1999年、94-97頁を加筆・修正。

---

1) 上田隆穂編『マーケティング価格戦略』有斐閣、1999年、94-97頁。

データの集計により、当該商品に対する消費者の価格認識の理解が可能となり、これをブランド開発の基礎にできる。例えば、図9-1のように消費者の意識がコストを厭わず品質とプレステージを重視するA地点に

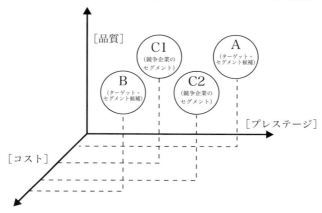

図 9-2　価格のシグナルを応用したターゲット・セグメントの決定

出所：上田隆穂編『マーケティング価格戦略』有斐閣、1999年、96頁を加筆・修正。

認められる場合には、高価格ブランドを投入すべきである。反面、コストを重視するが品質とプレステージに評価の比重を置かないB地点に消費者意識が認められるならば、低価格ブランドを投入すべきである。このように価格のシグナルを用いて、どのようなブランドを投入すべきかの示唆を得ることができる。

　また、3つの価格シグナルはターゲット・セグメントの決定にも応用できる。図9-2で示すように消費者の商品カテゴリーに対する3つの価格シグナルに対するデータを集計し且つ同時に競争企業のターゲット・セグメントを（図C1、C2のように）明確に判定できるならば、自社のブランドはどのセグメント（例えば、A、Bにターゲット）に定めればよいかを導ける。もちろん、他社との競争の回避が前提であり、経営資源やブランド・イメージの適合性などの条件はあるものの、自社ブランドを新しく市場に投入する際やターゲット・セグメントを変更する際に3つの価格シグナルは大きな指針となる。

第3節　消費者の価格判断基準と文脈効果

　消費者は、購買しようとする商品に対して"高い"や"安い"といった漠然

とした価格イメージを有する。価格イメージは消費者の過去の購買経験によって構築された価格判断基準によって形成される。本節では、この価格イメージを形成する価格判断基準について考察する。

　価格イメージは外的参照価格、内的参照価格の2つによって構築される[2]。外的参照価格とは、消費者が有する客観的な情報（パッケージに付された希望小売価格の表示やチラシにある価格など）から構築される価格判断基準である。例えば、ある商品の通常価格とタイムセールなどの特別割引の価格が共に示される場合、消費者は通常価格と特別割引価格との差を比較する。そのことから、外的参照価格は割引前後の価格を付すことで一定のコントロールが可能となる。外的参照価格は客観的な情報によって構築されるが、当該商品に対して情報が不十分な場合には、消費者はそれを補完するために価格から品質を推し量る「価格の品質推定機能」を活用する。一般的に外的参照価格が消費者の想定価格よりも若干高い場合に、価格の品質推定機能が強く働き、消費者の許容される上限価格が上昇する。しかし、客観的な価格情報が、消費者の許容できる価格を大きく逸脱するほど高価格である場合には、外的参照価格は機能しなくなる[3]。それは、消費者は購買の緊急性がない場合には購買を先送りすることが可能だからである。また、価格の品質推定機能が働かない場合には、品質情報をブランドというプレステージに求める。消費者は外的参照価格を考慮することが多いため、購買決定を促すように割安感を認識させることが重要となる。

　内的参照価格は、過去の購買経験などから主体的に構築される。内的参照価格は外的参照価格の積み重ねによって長期的記憶として構築され、随時更新される。外的参照価格とは違い、内的参照価格は個々の消費者の購買経験の積み重ねによる長期的記憶であるため、製造業者、小売業者による操作は困難となる。製造業者は流通業者への商品販売により、所有権を喪失し、それと同時に

---

2) Mayhew, Glenn E. and Russell S. Winer "An Empirical Analysis of Internal of External Reference Prices Using Scanner Data," *Journal of Consumer Research*, 19(June), 6270, 1992.

3) 斎藤嘉一「内的参照価格に更新に関する研究の現状と課題」『学習院大学大学院経済学研究科・経営学研究科論集』第7巻臨時増刊号、1997年、67-84頁。

価格のコントロールを失う。小売業者は低価格を訴求手段と捉えるため、外的参照価格は低くなり、結果として、内的参照価格も低下する。内的参照価格が低下した場合、消費者はその価格よりも低い場合にのみ反応する。製造業者は商品の差別化と競争力の付与により低価格競争を回避しなくてはならない。

また、内的参照価格の低下は、製造業者だけでなく小売業者にも大きなリスクをもたらす。一般的に小売業者は事業形態での差別化が困難であるため、低価格競争に傾倒する。一度低下した内的参照価格の上昇は非常に困難であるから、低価格競争を選択した小売業者は結果的に自身の利益の減少を引き起こすという自己矛盾に陥る。

新商品やブランド・ロイヤルティを確保している定番商品の場合には、参照価格は価格政策にどのような示唆を与えるのか。新商品の場合、購買経験がないため、消費者は初回購買時の価格が内的参照価格となる。新商品の市場導入の際に、市場に受け入れられるように価格を抑えたお試し価格が採用されることが多い。消費者は初回に購買したお試し価格を内的参照価格として記憶し、次回の購入時の比較材料とする。しかし、通常価格に戻った際には、お試し価格と通常価格との差が大きい場合には、割高感を感じ購入が控えられる可能性がある。この、内的参照価格を低下させない3つの方策がある。

1つ目は消費者への告知である。例えば、お試し品などの価格は特定期間における限定的なものであることを告知する。

2つ目はクーポンやポイントの導入である。クーポンの使用によるお試し価格での購入のようなバイアスをかける。また、小売店の協力を得てポイントという形でバイアスをかけることでお試し価格による内的参照価格の形成を抑制できる。

3つ目はバンドル販売である。例えば、シャンプーとコンディショナーのように関連購買される商品をセットにして販売する。商品のセット購入により、単品の価格を消費者に認識させることを防ぐことができ、初期段階の内的参照価格の形成を抑制する。

内的参照価格は消費者が商品を購買する状況によって変化する。1万円のワ

インを例に内的参照価格の変化を考えてみよう。ワインを好む人は多いが、多くの人は普段の夕食の際に1万円のワインを飲むことには躊躇するであろう。逆に、恋人や妻との記念日に、1万円のワインを飲むことに躊躇しない人は多い。同じ1万円のワインでも消費者が消費する状況によって価格の捉え方は大きく異なる。

　また、消費者は類似した商品でもその知覚が異なれば内的参照価格の変化が生じる。例えば、スパークリング・ワインとシャンパンを考えてほしい。シャンパンは祝いの際に飲まれるイメージが消費者に刷り込まれていることから比較的高価格なイメージが定着している。一方、スパークリング・ワインは食前に飲まれるなど比較的低価格なイメージが定着している。しかし、シャンパンは、フランスのシャンパーニュ地方で作られるスパークリング・ワインなのである。

　上記のように同一の商品や類似した商品でも購買状況や知覚が異なることによって消費者の内的参照価格に差が生じる。これを価格の文脈効果と呼ぶ。価格の文脈効果は、トレードオフ・コントラスト、カテゴライゼーションといった要因から生じる。

　トレードオフ・コントラストとは、消費者が商品のどの特性を重要視するかが商品選択に大きな影響を及ぼすことを説明した概念である。このトレードオフ・コントラストには、バック・グラウンド効果と魅力効果に分類される。

　バック・グラウンド効果とは、過去の購買経験から、商品の購買選択の際の優先順位によって内的参照価格が変化することを説明する。例えば、ハイブリッド車はガソリン車と比べて高価格である。ハイブリッド車の購買経験がある場合には、「ハイブリッドというスペックは高い」という認識が既に刷り込まれていることから、新たなハイブリッド車の際に、高い支払金額を要するハイブリッドというスペックが購買を妨げる理由にはならなくなる。

　次に、魅力効果とは購買選択において商品構成が購買に大きな影響を及ぼすことを意味する。例えば、商品構成が、高価格・中品質の商品Aと中価格・中品質の商品Bが市場にあり、そこに低品質・低価格の商品Xが投入された場合、商品Bの魅力を押し上げる。それは商品Aが商品Bと比較できるのが価格のみ

であるのに対して、商品Bと商品Xでは品質・価格の両方が比較され、商品Bへの消費者の関心が高まるからである。企業は商品Xの市場への投入により消費者の参照価格をコントロールできる。

類似した効果として、妥当効果がある。これは中間価格帯の商品が一番購買されるのかを説明する。

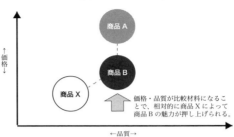

図 9-3 魅力効果

出所：Simonson & Tversky(1992), p.286 を加筆・修正。

この現象を Kahneman and Tversky（1979）は自身が提唱したプロスペクト理論を用いて説明した[4]。プロスペクト理論は、消費者は得する満足度よりも、損失に対する不満足度の方が感度は高いことを証明する。高品質・高価格の商品X、中品質・中価格の商品Y、低品質・低価格の商品Zがあった場合、消費者は、価格面でコストを生じる商品Xを、また、品質面では低品質による不満足を生じる商品Zを損失として捉えられる。不満足を回避する行動により、消費者は中品質・中価格の商品Yを選択する。しかし、消費者が品質・価格を同程度に重要視する場合にのみ妥当性が得られる。品質のみで商品を評価する場合、低品質である（消費者には評価されないが低価格の特性を有する）商品Zは、消費者にとって極端に損失を生み出す商品となるが、高品質の商品X・中品質Yは商品Zの消費者の評価の影響を受けない。このような一方の損失を回避することを分裂(polarization)と呼ぶ[5]。

カテゴライゼーションとは、消費者は自身の情報処理の負荷を増加させないように、認識が定まらない商品を経験に基づいた商品カテゴリー内に分類しようとの試みである。そして、分類された商品カテゴリーに対し消費者は異なる

---

[4] Kahneman, Daniel & Amos N. Tversky, "Prospect Theory:An Analysis of Decision under Risk," *Econometrica*, 47 (2), 1979, pp.263-292.

[5] Simonson, Itamar & Amos N. Tversky, "Choice in Context: Tradeoff Contrast and Extremeness Aversion," *Journal of Marketing Research*, 29 (3), 1992, pp.281-295.

購買行動をとる。例えば、近年流行したスィーツであるマカロンは、雑誌などでの頻繁な掲載により、オシャレなスィーツとして認識され、カフェや洋菓子店などでは1個400円程度で販売されている。マカロンの価格に対して多くの消費者は気に留めない。しかし、日本の和菓子である饅頭に対し消費者は同様の価格は高いと感じるであろう。それは、消費者は雑誌などのイメージによってマカロンを比較的特別なスィーツのカテゴリーに置いているからである。消費者は商品カテゴリーごとの受容価格帯が異なるため、商品が消費者のどの商品カテゴリーに置かれるかについて注意を払う必要がある。

これまで、消費者の価格判断基準と文脈効果について検討してきたが、次節ではこれらの知見を用いた消費者の価格意識を基礎にした価格戦略を考える。

第4節　消費者の価格意識を基礎にした価格戦略

本節では、消費者の価格意識を基礎に置いた価格戦略を検討する。

1. 内的参照価格の低下を回避する価格戦略（中・低価格帯商品の価格戦略）

製造業者にとって、流通業者間で繰り広げられる低価格競争は脅威である。製造業者は流通業者に販売した後には、商品の価格を直接的にコントロールできない。流通業者間の低価格競争に巻き込まれると、ブランドを保持（内的参照価格を高く維持）したい製造業者の意図に関係なく消費者の内的参照価格は下落する。

低価格競争は、競合商品との何らかの「差」を消費者が認識できていない場合に生じる。消費者に価格以外の差を認識させることで（価格という観点のみから商品を評価することから解放し）、購買行動を変化させ、低価格競争を回避できる。その方策の指針となるのが心理学者である Assael の購買行動類型である[6]。Assael は商品・購買関与（商品に対する関心・こだわり）とブランド間知覚差（商品間の差異の認識度合）の2つの軸を設け、各々に分類される消費者は購買行動が

---

6) Assael, Henry, *Consumer Behavior and Marketing Action*, 3rd ed., South-Western College Pub, 1987.

異なることを指摘した。購買行動類型には4つのタイプに分類できる。①習慣型購買行動（商品・購買関与低、ブランド間知覚差異小）：消費者は特にこだわりや関心を有さず、ブランド間の差異を認識していないため、習慣的に購買

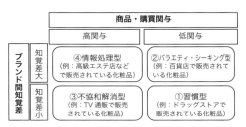

図9-4　Assaelの購買行動類型を利用した低価格競争対応

出所：Assael(1987), p.87を加筆・修正。

しているものを選択するか、もしくは一番低価格の商品を購入する傾向にある。②バラエティー・シーキング型購買行動（商品・購買関与低、ブランド間知覚差異大）：特にこだわりや関心を有していないが、ブランド間の差異が大きい商品であることから、消費者は試験的に多くの種類の商品の購買を試みる傾向にある。③不協和解消型購買行動（商品・購買関与高、ブランド間知覚差異小）：商品に対しこだわりや関心を有している一方で、ブランド間の差異を見出せない商品について、消費者は購買後に自身の購買選択に不満足を抱きやすい傾向にある。④情報処理型購買行動（商品・購買関与高、ブランド間知覚差異大）：こだわりや関心を有しており、商品間のブランドの差異についても十分に認識するため、消費者は商品選択に多大な時間を割く。また、購買後に満足を感じた場合には当該商品の熱烈な支持者（ロイヤル・カスタマー）になる傾向がある。

　内的参照を低下させる低価格競争から脱却するために、製造業者は、上記の④情報処理型購買行動を消費者に採らせるように購買行動を変化させるよう促す必要がある。そのためには、消費者に対し商品の特徴といった情報を伝達し関与を高めるだけでなく、チャネルの再構築、プロモーションの強化を通じて強固なブランドを構築することが欠かせない。消費者から商品の支持を得ることによって、メーカーの交渉力が強まり、流通業者の低価格競争を抑制することができる。

2.　顧客価値向上の価格戦略（高価格帯商品の価格戦略）

　企業の売上80％を上位20％の顧客が支えているという80：20の法則がある。

この20%を創出していくには、顧客に購買から得られる価値を認識してもらい、それを支持してもらう必要がある。また、顧客価値の創造・維持により製造業者は低価格競争を回避でき、安定的なロイヤル・カスタマーを獲得できる。

　顧客価値は、知覚便益（商品によって提供される顧客が認識する実用的・感情的なベネフィット）と知覚ライフル・コスト（商品が購入されるまでに費やされる心理的・金銭的・時間的コスト）との比率で示される（知覚便益が1以上になることで顧客価値が高いといえる）。顧客価値を向上させるには、知覚ライフル・コストを減少させるだけではなく、知覚便益を高めなくてはならない。知覚ライフル・コストは、商品購入までのコストはもちろん、商品購入後にかかるコストとの総計で捉える。例えば、高価な指輪やネックレスなどの宝飾品の場合、購入後のメンテナンスに一定のコストが必要になることを顧客は知っている。必要なメンテナンスを製造業者が一部保証することで顧客の心理的・時間的なコストを低減できる。一方、知覚便益とは、顧客が認識する商品自体、商品から得られる効用、ブランド・イメージなど多岐にわたる。顧客価値を上げていくには商品購入経験で得られる満足を高めなくてはならない。例えば、高価格な宝飾品の場合、購入の際に、特別な個室での商談、シャンパンの提供、写真撮影などの経験を顧客に提供することで満足度を高めている。特別な経験の認識により特別な関係性が形成されたと認識し、全体的な知覚便益は高くなる。

　高価格帯の商品を扱う製造業者が採るべき価格戦略は、消費者の心理的・時間的なコストの低減に重点を置く必要がある。それと同時に購買プロセスに顧客を関与させることで商品以外の便益を強く認識させることも必要である。支払うコスト以上の便益を獲得できることを消費者に認識させなくてはならない。高価格な商品を扱う製造業者はロイヤル・カスタマーとの関係性を創造、維持、強化することで低価格競争を回避することが可能となる。

参考文献
上田隆穂『価格決定のマーケティング』有斐閣、1995年。
上田隆穂編『マーケティング価格戦略』有斐閣、1999年。
白井美由里『消費者の価格判断のメカニズム』千倉書房、2005年。

第 10 章　経路戦略

第 1 節　マーケティング・チャネルの概念

　マーケティング・チャネルという概念は、流通機構という概念とは異なる。というのは、流通機構は流通の仕組みの全体を意味する概念であるのに対し、マーケティング・チャネルは、個々のマーケターが、あくまでも自らの戦略にもとづいて意識的・計画的に選定する私的な流通経路を意味するからである。個々のチャネルの集合が、流通機構を構成するといってもいいだろう。チャネル戦略は、通常、マーケターの組織内部だけでは完結しない。マーケティング・チャネルには、さまざまな種類の業者や企業が介在する。マーケティング・チャネルを構成する最大の要素は、商業と呼ばれる業者や企業である。そもそも商業とは何だろうか。一般的には、製造業と異なって、原則として生産というプロセスを行わず、他人に再び販売するために製品を購入するという活動を専門に行う業者や企業を意味する。「再び販売するために製品を購入する」という行為は、「再販売購入」と呼ばれ、商業とは、再販売購入を専門的に行う業者である。商業のうち、最終消費者に対して製品を販売する商業は、特に小売業と呼ばれ、その他の商業は卸売業と呼ばれる[1]。

　一般に、商品は、生産者から卸売業者へ、卸売業者から小売業者へ、小売業者から消費者へと、それぞれの段階における売買取引によって流通する。流通チャネル（流通経路）は、このように商品が市場関係に規定されながら、そこで行わ

---

1) 薄井和夫『はじめて学ぶマーケティング［基礎編］—現代的マーケティング戦略』
　　大月書店、2003 年、100 〜 101 頁。

れる売買の継起的な段階の全体である[2]。マーケティング・チャネルは、流通チャネルと同様の意味で使用される場合もあるが、生産者などマーケティング活動を実行する主体の立場から捉えた流通チャネルをいう。流通チャネルを構成する中核は、卸売や小売などの中間業者である。生産者から消費者に直接販売することはまれであり、中間業者に商品を委ねることが多い。これらの機関は、なぜ存在するのであろうか。この根拠として、しばしば指摘されるのは、「取引総数最小化の原理」であり、直接販売よりも社会的にみた流通コストは節約されるという考えである[3]。

　チャネルに介在し、商品の所有権の移転を担う中間業者は、チャネルの性格づけに影響を与えるので、チャンルの段階（レベル）分化は、チャネル政策で議論される。

　① ゼロ段階：生産者――――――――――――――――――――消費者
　② 第1段階：生産者――――――――――――――小売業者――消費者
　③ 第2段階：生産者――――――――卸売業者――小売業者――消費者
　④ 第3段階：生産者――卸売業者――卸売業者――小売業者――消費者

　①のケースは、メーカーによるダイレクト・マーケティングの場合で、生産者が直接に消費者に販売する。化粧品メーカーの訪問直接販売や通信販売などにみられるが、それほど多くはない。

　②のケースは、最終消費者に販売する中間業者として小売業者を介在させるので、強力な販売力をもつ大規模小売業とメーカーが直接取引をする場合である。消費市場の場合は小売業者、産業市場においては販売代理商、ブローカーが存在するケースが多い。

　③のケースは、小売業者だけでなく卸売業者が介在する場合である。取引に参加する業者が増加する分、流通チャネルは複雑化し長くなる。しかし、消費財は小口購入するので、消費者により近い場所で多数の販売地点を設定する必

2）風呂勉「流通経路の変遷」久保村隆祐・原田俊夫『商業学を学ぶ（第2版）』有斐閣、1984年、36頁。
3）保田芳昭編『マーケティング論』大月書店、1992年、128頁。

要があり、多数分散する小売業者に対して先述の「取引総数最小化の原理」によって卸売業者を介在させるほうが経済的事実として効率的である。最寄品、買回品のほとんどが、小売店の規模や店舗数は製品によってさまざまであるが、こうしたタイプのチャネルとなる。

④のケースは、卸売業者がさらに増加するケースで、農産物流通のように多数の生産者が小規模分散する商品分野では、生産物を選別、集荷するために卸売業者などが複数段階で介在する。多段階の卸売業者が介在するタイプでは、中間業者間でさらに分業が成立し、収集機関、中継機関、分散機関に分化する[4]。

マーケティング・チャネルはマーケティング・マネジャーの管理対象になると、製品の社会的移転機能だけでなく、情報収集、プロモーション機能などを遂行する。P. コトラーは5つの流れを挙げて、マーケティング・チャネルの機能を示す[5]。

① 物的流れ──運送、保管、荷造、包装など
② 所有権の流れ──売買
③ 支払いの流れ──金融（代金の回収）
④ 情報の流れ──市場情報の収集
⑤ プロモーションの流れ──広告、人的販売など

今日のマーケティング・チャネルが製品の移転に伴う代金回収の経路にとどまらないで、プロモーション機能、マーケティング情報の収集機能、流通コスト節減機能などの遂行が期待される。マーケティング・チャネルの主導権者が強力になればなるほど、多くの機能が要求される。

第2節　チャネル選択の基準

マーケティング・チャネル戦略は、自社の製品が、どのようなルートをたどっ

---

[4] 同上書、128-129頁。
[5] Philip Kotler, *Marketing Management: Analysis, Planning, and Control*, 1972, pp.553-555. 鳥越良光『新マーケティング原論』多賀出版、1995年、152頁。

て顧客または最終消費者にまで到達すべきかを計画・選定する。自らの私的なチャネルを構築する際の製造業者は、

　①　自社製品、自社ブランドの販売努力を確保し、

　②　可能な限り価格（基本的には出荷価格）を維持して販売する、という２つの課題を満たそうとするが、同時に、これとは別に、

　(a)　初期投資の負担を回避し、

　(b)　市場リスクの負担を回避する、という独自の利害をもつ。前の２つは、自立的な商業に販売を委ねると達成しにくい課題であるが、後の２つは、むしろ自立的な商業に販売を委ねることによってこそ達成できる[6]。

　製造企業がチャネルを選択する場合、考慮すべき３つの基準が存在する。第１は、企業が選択するチャネルが長いのか、短いのかという、長短基準である。チャネルは、短い順に、

■製造業→消費者

■製造業→小売業→消費者

■製造業→卸売業→小売業→消費者

■製造業→卸売業→卸売業→小売業→消費者

■製造業→卸売業　…　卸売業→小売業→消費者

というように考えられる。最も短いチャネルは、製造企業による消費者への直売チャネルであるが、それ以外は、商業が介在するチャネルとなり、卸売業者の介在を増やせば、形式的にはいくらでも長いチャネルが想定できる。短いチャネルほど、自社製品のための販売努力を確保し、可能な限り価格を維持して販売するというチャネル戦略の２つの課題を実現しやすくなるが、初期投資は膨大になるばかりか、市場リスクを直接背負わねばならない度合いが高まる。

　第２は、同じ長さのチャネル（例えば、製造業→小売業→消費者という長さのチャネル）であっても、製造企業はすべての商業企業（例えば、小売企業）に自社の製品の販売を託すとは限らず、製品を取り扱う企業を特定の商業者に限定する場合がある。

6）薄井和夫、前掲書、110頁。

一般に、同じ段階（例えば、小売段階）の業者のなかで、どの程度の数の業者に製品の再販売を委ねるのかという基準は、チャネルの広狭基準と呼ばれる。特に制限を設けず、多くの商人に再販売を委ねるチャネルは広いチャネル、商品の出荷を特定の商業者に制限するチャネルは狭いチャネルと呼ばれる。なお、製品が消費者の目に触れやすいかどうかを、製品露出度（または製品の市場露出度）というが、この概念を用いれば、広いチャネルとは製品露出度の高いチャネル（製品が消費者の目に触れやすいチャネル）、狭いチャネルとは露出度の低いチャネル（消費者の目に触れにくいチャネル）ということになる。

第3に、チャネルが開いているのか、閉じているのか、という基準が存在し、開閉基準と呼ばれる。一般に、閉じたチャネルというのは、取扱業者が特定の企業の製品・ブランドの品揃えにのみ特化し、競合他社の製品・ブランドを取り扱わない（これは「排他的品揃え」と呼ばれる）チャネルをいい、そうでないチャネルは開いたチャネルと呼ばれる。

閉じたチャネルは、競合関係にある製品の品揃えが排除されるという点で、最も厳格に商業者を管理するチャネルである。これによって、製造企業は自社製品だけの販売努力が確保されるだけでなく、価格の維持もしやすくなるが、初期投資と市場リスクを直接負担する覚悟がなければならない[7]。

第3節　マーケティング・チャネル戦略の展開

チャネル戦略は、製造業者の生産力や販売努力の程度、競争の状況、商業との力関係、費用の負担関係などに規定される。このなかで、チャネル類型次元は製造企業の製品を取り扱う商業者ないし販売店の数に関連する。これには、一般に開放的チャネル戦略、選択的チャネル戦略、専属的チャネル戦略の3類型に分けられる[8]。

開放的チャネル戦略は、販売店を差別・選択しないで広くすべての商業者な

---

[7] 同上書、110-111 頁。
[8] 岩永忠康編著『マーケティングの理論と戦略』五絃舎、2016年、109-110 頁。

いし販売店に開放して自社の製品を取り扱わせる戦略である。というのは、このチャネル戦略は、消費者が最寄りの商店で購買する食料品・日用品・薬品などの単価の低い最寄品の販売に多くみられるように、生産者は広範囲に分散する多数の商店に販売する必要があるからである。

選択的チャネル戦略は、生産企業が何らかの基準によって一定の協力的な販売店を差別・選択するものであり、それによって選定された販売店に自社製品の取扱いを義務づけながら優先的に製品を取扱わせるなど優遇措置をとる戦略である。このような選択的チャネル戦略は、製品単価が比較的高い家電製品・高級衣料品などの買回品や専門品など、ディーラーの推奨が必要な製品に多くみられる。

専属的チャネル戦略は、一定の販売地域に特定の販売店のみを選定し、販売店にその地域における自社製品の専売権を与える。したがって専属代理店制ないし排他的販売制などと呼ばれる。専属的チャネル戦略は、一定の販売地域に一店のみの販売店を選ぶときは一手販売代理店契約を結び、数店の販売店に販売権を与えるときは共同専売代理店契約を結ぶ。専属的チャネル戦略は、自動車などの専門品または高額耐久消費財の業界に多くみられる。

第4節　流通系列化

日本で行われているチャネル戦略の典型的なものとして流通系列化が挙げられる。流通系列化は、「製造業者が自己の商品の販売について、販売業者の協力を確保し、その販売について自己の政策が実現できるよう販売業者を把握し、組織化する一連の行為」と規定される[9]。流通系列化の具体的形態として、次の6タイプを簡単に説明しておこう[10]。

9）野田實『流通系列化と独占禁止法―独占禁止法研究会報告』大蔵省印刷局、1980年、13頁。
10）白石善章「商業構造」合力栄・白石善章編『現代商業論―流通変革の理論と政策』新評論、1986、63-64頁。

(1) 再販売価格維持：再販売価格維持は、製造企業が販売店の再販売価格を直接拘束するもので、販売店間の価格競争を消滅させることによって価格の安定化を図る。これによって垂直的価格硬直化がもたらされる。再販売価格維持は一部の医薬品・化粧品などの商品を除いて日本の独占禁止法で禁止されている。

(2) 一店一帳合制：一店一帳合制は、製造企業が卸売店（卸売業者）に対してその販売先である小売店（小売業者）を特定するもので、小売店に特定の卸売業者以外との取引を禁止する。

(3) テリトリー制：テリトリー制は、製造企業が自社製品の販売にあたり特定の販売地域に販売店を指定したり、あるいは特定の販売店に販売地域を指定する。

(4) 専売店制：専売店制は、製造企業が販売店に対して他社製品の取扱いを禁止または制限する。

(5) 店会制：店会制は製造企業が販売店の系列化をいっそう強固なものにするため、販売店をして横断的な組織を結成させる。

(6) 委託販売制：委託販売制は、製造企業が自社製品の販売に際して販売店に一定の手数料を支払い、商品の所有権を留保しながら販売を委託する。

第11章　流通系列化戦略

第1節　自由競争段階におけるチャネル戦略

1. 流通チャネル戦略とは

　高度な社会的分業が実現される現代において、生産された商品を消費者に消費してもらうには、その間を繋ぐ流通という活動が必要である。流通活動は、大きく3つに分けることができる。1つ目は、所有権の移転を促進するための取引流通である。2つ目は、商品の生産と、消費の場所および時間との不一致を解消する物的流通である。最後は、生産者と消費者の間に存在する、商品や需要、および販売場所などに関する情報の齟齬を解消する情報流通である。

　現代において、流通活動は主に生産者、消費者、商業者、流通補助業者の4者によって担われる。例えば、金属加工メーカーが生産したフライパンや鍋といった調理器具を消費者までに流通させるには、まず生産者から卸売業者や小売業者などに商品情報を伝達する必要がある。そして、再販売の可能性を見出した商業者は、生産者から商品を購入する。その後、商品は生産者のパッケージングや運送業者の輸送などの物的流通活動を経て、商業者のところに運ばれる。商業者は入手した商品と、その商品と関連してまたは比較して購入すると思われる他の商品をひとまとまりにして、人的販売や陳列などを通じて消費者または次段階の商業者に提示する。最終的には、その商品を必要だと考えた消費者が、店頭からそれを購入し、消費地に運んでいく。

　このように1つの商品が消費者の手元まで届くには、多くの流通活動とそれを担う機関や人が必要である。これら一連の活動は事前に計画され、各流通機関に振り分けられたのではなく、各機関が自社の利益最大化のために実施した

結果である。こうした生産業者と商業者の活動結果の1つが、流通チャネル (distribution channel) として現れる。

流通チャネルとは、生産者を起点にし、消費者を終点とする商品の一連の道筋をいう。流通チャネルは、大きくマクロ的視点とミクロ的視点の2つに分けることができる。例えば、日本国内の米は生産者から消費者までどのように流れているのかを説明する時は、マクロ的視点である。それに対し、個別生産者が生産した米はどの商業者を経て消費者に届くのかを説明する時は、ミクロ的視点である。本章では、個別製造企業の戦略（流通系列化戦略）を説明するため、後者の視点に立つ。

流通チャネルは上記したように製造企業と商業者のそれぞれが実施した流通活動の結果であるのに対し、流通チャネル戦略（以降、チャネル戦略と略す）は製造企業が自らの販売戦略を実現するために計画された1つの戦略である。

チャネル戦略は、大きく選択戦略と管理戦略の2つに分かれる。チャネル選択戦略は、自らの販売戦略に合う流通チャネルとは何かを決定する。一方のチャネル管理戦略は、異なる販売原理をもつ商業機関に、自ら（製造企業）の販売戦略に協力してもらうために用いられる。系列化戦略は、チャネル管理戦略の1つである。

2. 商業者任せのチャネル戦略

企業のチャネル戦略は、競争環境によって影響される。例えば、多数の製造企業が市場で競争する自由競争段階において、多くの製造企業は生産に専念し、自社商品の流通（最終消費者までの販売）を商業者に任せる戦略を採用する。それに対し、市場が少数の製造企業の商品によって占められる寡占段階に入ると、製造企業は商業者に任せず、自ら最終消費者までの販売過程を管理する戦略に移す。

なぜこのような相違があるのだろうか。本節残りと次節を通じて説明する。自由競争段階とは、多くの中小規模製造企業が同一市場で自由に競争し合う資本主義の一段階を指す。この段階において、製造企業は生産規模の拡大を通じて規模と学習の経済性を獲得し、生産側面で競争優位を獲得しようとする。な

ぜ消費者までの販売過程、すなわち自らの商品流通にあまり関与しないのだろうか。その理由は2つある。

1つ目の理由は、流通を独立した商業者に任せた方が効率的だからである。高度な社会的分業が実現される現代において、多種多様な製品が多くの企業によって生産されている。そして消費者は、多数の製品を消費することで自らの満足を高める。こうした時代で生産者と消費者が直接売買の関係を結ぶ、すなわち直接流通の形を採用することは、極めて非効率的である。商品が売買されるには移動や交渉、および商品に関する情報提供と処理などの取引費用が必要である。取引費用は流通費用の一部として算入できる。理論上では、取引数が多いほど取引費用が高くなる。

直接流通のもとでは、1人の生産者は複数の消費者と取引する必要がある。同じ原理で、1人の消費者は複数の生産者と取引する必要がある。こうした取引の間にすべての生産者と消費者と取引する商業者を1人介在させることで、1人の生産者の取引数は1にまで減少する。同じ原理のもとで、1人の消費者の取引数も1になる。当然、流通費用を単純な取引数の計算に還元することはできない。現実的には、生産者と消費者の間により多くの商業者が介在する。しかし、直接流通よりも間接流通の方が流通費用を節約できるというのは確かである。

2つ目の理由は、製造企業が市場で影響力をもてないことに由来する。商業者は商品の再販売を通じて、自らの利益を獲得する。市場に影響力をもつ製造企業がいなければ、商業者は多様な消費需要に対応するために、多様な企業から多様な商品を揃えようとする。つまり、この段階において製造企業が商業者を管理したくても、管理が難しい。

こうした理由から、自由競争段階における多くの製造企業は生産に専念し、最終消費者までの販売を商業者に任せる。

第2節　寡占段階におけるチャネル戦略

資本主義の自由競争段階から少数の大規模製造企業によって市場が占められ

る寡占段階に入ると、製造企業は流通過程に積極的に関与する。この段階では、寡占企業は独占利益を獲得できる。しかし、飛躍的に高められた生産力に消費が追い付かず、寡占企業は長期にわたる過剰生産問題に直面する。

　そこで寡占企業は、相対的に狭隘化した市場でその地位を維持・強化しながら独占利潤を獲得するために、市場の確保・拡張が不可欠の課題となる[1]。この課題を解決するために、寡占企業は流通過程へ介入する。この寡占企業による流通過程への介入、または消費者までの販売過程への関与活動の別名がマーケティングである。

　マーケティングは需要を汲んだ製品開発、消費者への広告活動、どのような商業者へ商品を流すべきかなどの自社商品の流通過程に影響を及ぼす諸要素に働きかける。当然、チャネル戦略はマーケティングの１つの戦略である。前節で述べた商業者任せのチャネル戦略では、チャネル管理を必要としない。しかし、本節で扱う寡占段階におけるチャネル戦略は、チャネル管理を必要とする。

　寡占企業が独占利潤を確保しながら、市場シェアを維持または拡大させていくには、自らのマーケティング戦略を末端の流通機関まで貫徹させる必要がある。寡占企業は、たとえ商業がもつ品揃え機能が制限されても、自身のマーケティング戦略が末端の流通機関で実施されることを望む。チャネル管理は、商業者にその機能を制限させ、製造企業のマーケティング戦略を実施させるためにある。

　寡占企業が自らのマーケティング戦略を末端の流通機関に貫徹させる一番有効的な方法は、消費者への直接販売である。消費者への直接販売には２つの方法がある。１つは自らの社内販売部門から直接消費者に販売する方法である。もう１つは、寡占企業が出資した販売組織を通じて消費者へ販売する方法である。

　直接販売では、製造企業は自社のマーケティング戦略を最優先的に実施できる。しかし直接販売には、多額の投資と市場危険を一手に引き受けるリスクを伴う。

　そこで、寡占企業は商業に依存しながらそれを系列化して利用する戦略を打

---

1) 岩永忠康編著『マーケティングの理論と戦略』五絃舎、2015 年、105 頁。

ち出す。この戦略は流通系列化戦略(以降、系列化戦略と略す)とも呼ばれている。一般的に、独立した商業者は製造企業のマーケティング戦略に関係なく、自らの利益最大化のために自社の販売戦略を実施する。しかし系列化戦略では、製造企業が独立した商業者に自らの販売組織のように自社のマーケティング戦略に同調させ実行させようとする[2]。

なお本章では、パワーや信頼を用いたチャネルメンバーの管理戦略を欧米的チャネル管理戦略として位置付ける[3]。それに対し、一店一帳合制やテリトリー制などの系列化戦略を日本的チャネル管理戦略と位置付ける。

第3節　系列化戦略の諸形態

系列化戦略の目的は、寡占企業の独占利潤を維持しながら市場シェアの維持と拡大にある。この目的を達成するためには、寡占企業が意図した末端価格の維持と他社商品より優越的に扱ってもらう必要がある。本節では、その目的を達成するための6つの制度を紹介する。

1. 再販売価格維持

再販売価格維持は、寡占企業が小売業者の販売価格を直接拘束するものである。寡占企業にとって再販売価格の維持は、利潤の維持につながる。現在では、医薬品や化粧品などの法律で認められる製品以外に再販売価格維持を適応させることは違法になる。そのため寡占企業は、商業者に対して希望小売価格を出して、価格の維持を促す。

2. 一店一帳合制

一店一帳合制は、小売店に特定の卸売業者以外との取引を禁止する制度であ

---

2) 商業者がなぜ商業機能を放棄するかの理由については、松井温文「強力な流通経路戦略」成田景堯編著『京都に学ぶマーケティング』五絃舎、2014年を参照。
3) 欧米的チャネル管理論の詳細は、秦小紅「チャネル管理論」松井温文、斎藤典晃編著『最新マーケティング』五絃舎、2015年を参照。

る。製造企業はこの制度を通じて、希望小売価格を維持しない小売業者を特定できる。それによって、寡占企業は直接に価格拘束を行わなくても、再販売価格がある程度維持される。

3. テリトリー制

　寡占企業が一方的に、再販売価格の維持を小売業者に求めても、小売業者間に競争が存在するのであれば、ブランド内の価格競争になりかねない。そこで実施されたのが、小売業者間による自社商品内の価格競争を制限するテリトリー制である。テリトリー制とは「寡占企業が自社製品の販売にあたり特定の販売地域に販売店を指定したり、あるいは特定の販売店に販売地域を指定する制度である[4]」。

4. 専売店制

　専売店制は、商業者に対して他社製品の取扱いを禁止する制度である。この制度を通じて、商業者がもつ販売能力を自社商品に傾けてもらえると同時に競争相手との競争も回避できる。当然、末端の販売価格も維持される。この制度は系列化の手段のうちで最も商業機能を制限する。

5. 店会制

　店会制は、寡占企業が販売店の系列化をいっそう強固なものにするため、販売店に横断的な組織を結成させるものである。店会制は、代理店とか特約店などを組織して販売店間の協調を促進するものであり、それによって寡占企業の価格維持を容易にする[5]。

6. 委託販売制

　上記の系列化を促進する諸制度を実施するには、製造企業が生産している商

---

[4] 岩永忠康編著、前掲書、114 頁。
[5] 岩永忠康編著、同上書、114 頁。

品がすでに市場に大きな影響力をもつという前提が必要である。換言すれば、商品の市場への影響力が低い、すなわち消費者に再販売できるかどうかが疑われる商品を、商業者にマーケティング戦略に合わせて販売してもらうことは極めて難しい。商業者に自社のマーケティング戦略通りに商品を販売してもらうためには、製造企業が商品の所有権を維持し、売れた際に商業者に手数料を支払う委託販売制が有用である。この制度により、再販売可能性が疑われる商品でも計画通りで商業者に販売してもらうことが可能になる。

第4節　グローバル経済下の系列化戦略の問題点

　以上のように系列化戦略は、寡占企業が自社のマーケティング戦略の一部を独立した商業者に実施してもらうためにある。その目的は、利潤を維持しながら市場の維持と拡大にある。そのため寡占企業は、希望小売価格の維持と売場における自社商品の優位的扱いを求める。

　こうした要求は商業者が本来もつ品揃え機能と流通費用の節約を大きく制約する。系列化戦略が有効に機能している際、商業者は寡占企業が求める希望小売価格の維持と販売量の維持・拡大に向けて努力する。

　しかし、商業者が本来の商業機能を制限するには条件がある。その条件とは、市場が少数の製造企業によって占められている、すなわち寡占市場が存在していることである。だが、近年では自由貿易の推進と輸送技術の進化、および途上国の生産技術のキャッチアップなどによって、寡占市場は崩れて自由競争市場に戻りつつある。例えば、一昔前までであれば、日本にある家電製品はほとんど日本企業のブランドであった。しかし現在では、諸外国企業のブランドを付けている家電製品も多くみられるようになった。

　こうした変化によって、系列化による利益を確保していた商業者は、系列化されず本来の商業機能をもつ商業者に劣勢を強いられている。

　つまり、経済のグローバル化によって、かつてのように閉じた一国内の市場で寡占的地位を維持することが難しくなった現在では、製造企業にとって、系

列化戦略はそこまで有効でなくなった。ただし、寡占企業の地位を保つ企業にとって、系列化戦略は依然として有効な戦略の1つである。

謝辞

　本稿は、兵庫県立大学の小西一彦名誉教授の考えに依拠する部分（第4節など）が多くある。こうした考えは、小西先生のご厚意で組織された勉強会のなかで習得したものである。この場を借りて、御礼申し上げます。無論、本稿の中に何等かの誤りがあれば、それはすべて筆者の責任である。

参考文献
石原武政、小西一彦編『流通論パラダイム風呂勉の世界』碩学舎、2015年。
岩永忠康編著、『マーケティングの理論と戦略』五絃舎、2015年。
秦小紅「チャネル管理論」松井温文、斎藤典晃編著『最新マーケティング』五絃舎、2015年。
松井温文「強力な流通経路戦略」成田景堯編著『京都に学ぶマーケティング』五絃舎、2014年。

第 12 章　産業財マーケティング

第 1 節　産業財の特徴と産業財マーケティング

　産業財は、「企業や組織が、製品やサービスを生産・提供するために、あるいは、事業を運営するために使用・消費する製品やサービス」である。販売対象は消費者ではなく企業や組織であり、産業財マーケティングは、売手企業が買手としての企業や組織にアプローチするマーケティング活動となる。

　産業財は、「生産財」あるいは「ビジネス財」とも呼ばれ、産業財マーケティングは、「生産財マーケティング」あるいは「ビジネス・マーケティング」と呼ばれたりする。多様な呼称は、強調点の相違に起因する。産業財マーケティングでは、買手が産業用ユーザーであることを強調している。生産財マーケティングでは、産業財が、消費者が最終的に手にする製品（完成品）やサービスを生産・提供するにあたって、間接的に組み込まれていく・利用されていくものである点を強調している。ビジネス・マーケティングは、「B to B (Business to Business) マーケティング」とも呼ばれ、産業財の買手が企業や組織である点を強調している。

　それらを本章では、産業財あるいは産業財マーケティングという用語に統一する。また、産業財の買手には企業や組織が存在するが、それらを「買手企業」という用語に集約する。

第 2 節　産業財の種類

　産業財は、①原材料、②主要設備品、③補助的備品、④部品・パーツ、⑤半

製品・加工材料、⑥業務用消耗品に分けられる。

①原材料は、原始生産物や若干の製造過程を経た加工原材料である。例として、石油、化学品、鉄鋼石、鉱物、羊毛、綿花、砂糖、小麦などがある。これらを販売する産業財企業は、原材料メーカーと呼ばれる。

②主要設備品は、特注的に製造される固定設備品や装置的製品である。例として、建造物、エレベータ、産業用ロボット、工作機械、発電機、コンピュータ・サーバー、半導体製造装置、計測機械などがある。

③補助的備品は、主要設備品の使用に必要な付帯設備品や製品である。例として、エアコン、パソコン、コピー機、デスク、チェアなどがある。補助的備品は、規格化された標準品が使用されることが多い。

④部品・パーツは、完成品に組み込まれる構成要素となる製品である。例として、スマートフォンは、液晶ディスプレイ、アプリケーション・プロセッサ、バッテリー、通信モデム、カメラレンズ、バイブレータ装置、スピーカーなどから構成される。これらは、各産業財製造企業から完成品へと組み立てる製造企業（消費財製造企業）に供給される。

⑤半製品・加工材料は、完成品に組み込まれる際に、さらに何らかの加工が必要とされる製品であり、用語からも理解されるように、ある程度まで仕上げられた状態にある製品である。例として、飲食店や惣菜店で使用される業務用食材や調味料、衣が付けられた状態にある冷凍フライ、自動車のボディーに使用されるロール状に加工された鉄鋼などがある。

⑥業務用消耗品は、事業運営上必要な備品の総称である。例として、コピー用紙、電卓、文房具、ファイル類、蛍光灯、乾電池などがある。この業務用消耗品は、通常消費財としても販売されており、消費者も購入できる。

第3節　産業財取引における一般的特徴

　産業財の取引は、消費財と比較した時、①購買意思決定に対する合目的性・合理性、②買手の専門性が高い、③取引の継続性・長期性、④相互依存性とい

う特徴がある。

　産業財は、企業や組織で使用・消費する目的で購買されるため、その購買意思決定プロセスは、複雑かつ慎重となる。これは、購買数量と取引金額が多くなることに起因する。購買での失敗を避けるために、購買に対する合目的性や合理性が要求される。合目的かつ合理的な意思決定を導くために、買手企業は、取引しようとする産業財に対して慎重に吟味し、購買に対する適切性を検討する。とりわけ、産業財の製品機能や技術、品質などは、組み込まれていく完成品の品質に直接的な影響を与えることから、慎重な判断を必要とする。それゆえに、購買可能性のあるさまざまな売手企業の産業財と取引条件に対する情報収集を広範に行うことから、買手企業が保有する情報量は多く、専門的判断能力が高くなる。

　産業財購買に対する合目的性や合理性を判断するにあたって、複雑かつ慎重なプロセスを踏むために、購買意思決定に際しては、組織的にさまざまな立場の人が関与する。購買意思決定に関与する人々を総称して、「購買センター」という。購買センターには、実質的な「使用者」の他にも、「技術者」、「購買担当者」、「購買決定者」、「ゲートキーパー」といった役割を担う人たちが存在する。ゲートキーパーは、社内外の情報の流れをコントロールする役割だけでなく、購買センターの構成員を調整する役割を担うこともある。購買センターには、非公式的に参画する人がいたり、一人が複数の役割を担うこともある。案件ごとに、購買センターに関与する人が入れ替わり、参画者同士の複雑な相互作用を経た後、最終的な組織としての購買意思決定が行われる。

　購買センターを通じて購買意思決定がなされた後は、取引に特段の問題がない限り、反復購買される傾向がある。それゆえ、取引は継続的・長期的となり、常軌的取引となる。取引の継続性・長期性は、次のようなメリットを生み出す。売手企業は、取引が継続的になることで、買手企業のニーズを的確に把握できるようになり、より一層の需要と供給のマッチングを生みやすくなる。一方、買手企業は、新規取引とは違い、取引相手の探索や評価、取引にまつわる交渉プロセスが不要になることから、コスト削減が見込める。

このようなメリットは、さらに、取引に対する相互依存性を発生させる。売手企業は、買手企業のニーズや期待に応えることで、取引が継続的になればなるほど、買手企業からの信頼を獲得する。そのような状況において、売手企業は、買手企業のニーズをもとに、提案型営業の一環として新たな製品提案が可能となったり、あるいは、次節で述べるように、売手企業・買手企業の双方が協働することで、より一層最適な産業財に向けた製品開発が可能となる。

第4節　協働型製品開発の展開

　相互依存性に基づく協働型製品開発においては、買手企業が必要とする産業財に対して、製品設計から協働することや、技術開発自体から協働関係がスタートすることもある。協働型製品開発は、現在供給関係にある産業財を改良する場合をはじめ、買手企業の要求する産業財が、規格化された標準品では対応できない特殊な場合や、買手企業が差別化した製品を開発しようとして、競合他社とは異なる産業財(特に原材料や部品・パーツ)を必要とする場合に多くみられる。

　協働型製品開発は、需要に関するニーズ情報と、技術に関するシーズ情報とが頻繁に交換され、それらの情報をもとに、製品の開発や生産、サービス活動が決定される[1]。したがって、比較的早い段階から情報共有がなされて、協働関係が築き上げられる。

　協働型製品開発を展開するにあたっては、営業担当者同士だけでなく、開発担当者や生産担当者も交えて職能横断的な連携をしながら、売手企業・買手企業双方とも組織的にアプローチをする必要がある。このような製品開発の姿は、売手企業と買手企業がスクラムを組んで向かい合うというイメージから、「スクラム型取引」ともいわれる[2]。

---

1) 次の文献では、「協働型製品開発」という用語は用いられていないが、記述内容について参考にしている。髙嶋克義・南千惠子『生産財マーケティング』有斐閣、2006年、8頁。
2) 髙嶋克義・南千惠子、同上書、10頁。

第13章　リレーションシップ・マーケティング

第1節　リレーションシップ・マーケティングの基礎

　これまでの章では、主に商品やサービスの取引をいかにうまく進めていくか、ということを視野においた企業のさまざまな戦略をみてきた。リレーションシップ・マーケティングは、そうした日々の取引や販売にだけ目を向けるのではなく、顧客や従業員、取引企業、社会といった企業の存在を支える関係者（ステークホルダー）との長期間の関係を重視したマーケティングである。極端な言い方をすれば、その時の取引が不利なものであっても、長期的な視野で考え、顧客や関係者との関係性を最も重視する考え方である。

　それでは、なぜ日々の利益よりも長期的な関係性を重視するのか。関係性は企業が育成できる資源としての大きな力を秘めたものである。後で概説するが、関係性の構築には、ただ自社商品の愛好家や自社のファンをつくるという意味合いだけでなく、企業が成長するための開発アイデアや事業の種を獲得するという側面がある。また企業と関係者とのインタラクション（対話）によって、共に成長し、感化し、事業の成長に深く関わるエヴァンジェリスト（伝道者）を育成できる。

　リレーションシップ・マーケティングは、「より長期的な利益を確保するために、企業が顧客やステークホルダーに対して関係を構築、維持、発展させていくために行うすべての取り組みや活動」と定義できる。

　なお、リレーションシップ・マーケティングは、どちらかというと米国よりも、欧州（特に北欧やイギリス）のマーケティングに起源をもっており、生産財（産業材）マーケティングやサービス・マーケティングと合わせて学ぶことが、理

解を深めることになる[1]。

第2節　信頼とコミットメント

　身近な関係性を考えて欲しい。例えば友人との関係はどのように始まり、発展していっただろうか。企業における関係性づくりも、人と人の関係が主となっている。そこで長らく関係性をより深めるために重要と言われてきたのが信頼とコミットメントである。

　信頼とは相手から信じられることであり、そのレベルは、相手が決められた仕事をきっちりと行ってくれるか？というレベル（低レベルの期待）から、この企業と関係をもっているとさらに何らかの将来的な期待がもてる（高レベルの期待）まで幅広く存在するが、それを裏返してみると、どれくらいのリスクへの容認と期待をもった関係性を構築している状態であるかを示している。

　コミットメントとは、この関係性やそこでの協働、対話を自分にとって重要であると認識する意志のレベルである。

　企業において信頼やコミットメントが重要となるのは、まず他の人や企業と協力していく上で、全くリスクのない安心な状態はほとんど見込めないが、信頼やコミットメントという人間の心理的状態の側面を高めることによって、具体的な資金や資産といった目にみえる資源に頼らずに関係を深めることができる。信頼やコミットメントは長期間をかけてその質を高めることができ、それによって互いのインタラクション（対話）を加速し、対話の質を上げることができる。また、不要なコンフリクト（不和）を低減させることができる。

---

1) 以下の文献を参照。C. Grönroos, "The Relationship Marketing Process: Communication, Interaction, Dialogue, Value," *Journal of Business & Industrial Marketing*, Vol.19 No.2, 2004, pp.99-113. E. Gummesson, *Total Relationship Marketing*, 2nd ed., Butterworth-Heinemann, 2002.

第3節　インタラクションと価値共創

　インタラクション（対話）とは、関係性に関わる当事者たちが自分自身の考え方をもちながらも、対話を行い相手の影響を受けながら、互いに考え（アイデア）を深め合うことである。

　リレーションシップ・マーケティングの最大の特色として、関係性における対話を通じて得られた情報や知識を逐次取り入れながら、意思決定の修正を続けられることである。そこでは、企業が常にそうした情報・知識を受け入れようとする柔軟性が必要である。またこれに関わって、最前線としての現場を担当する従業員の役割が大きくなる。現場の従業員は直接顧客に対してサービスを提供するだけでなく、顧客から意見やニーズに関する情報を得られる位置にいる。そのため、企業は現場の従業員への権限の付与およびインターナル・マーケティングによる企業の価値観の理解や共感、動機づけが重要となる。企業の価値観へ共感が進んだ従業員は、顧客の声に敏感であり、顧客の「声の解釈」に関してもブレがない。こうした従業員は現場からより良い知識を生み出し、顧客とのより良い関係を築くことができる（現場における価値共創）。

　サービス・ドミナント・ロジック[2]という考え方では、「顧客は常に価値の共創者である」という前提が示されている。これらをリレーションシップ・マーケティングとして翻訳し直すと、「関係性の進化によって、価値共創における顧客が担う役割も進化していく」ということができる。

　リレーションシップ・マーケティングの進化は、ある部分で子供の成長と教育に例えることができる。企業との関係性がまだ発展していない当初では、親と幼子との関係が近いだろう。親は子供に対してある程度の働きかけを行い、自らの希望へ方向付けをしたり、そのきっかけを伴う行動をとる。しかし、子どもが成長していくに従って、親の役割も変わる（変わらなければならない）。

---

[2] S. L. Vargo, and R. F. Lusch, "Evolving to a New Dominant Logic for Marketing," *Journal of Marketing*, Vol.68 January, 2004, pp.1–17.

次第に親は子どもを信頼し、時には見守る。成長が進んだ段階の子供は、もはや親が操作する対象ではなく、自ら考える力をもつ。

　企業も同じであり、例えば顧客や従業員とのインタラクションや価値共創をより良く進めるためには、関係性の発展段階を見極めながら、関係性を変えていくことが重要である。顧客や従業員を管理するという視点のみではなく、関係性が進化するに従ってどの段階にあるかを見極めながら、より良い企業の価値観の共有と価値共創を進めていきたい。

　ここで、関係性の発展の事例として、ダスキン中央社（東大阪）の「ハーティ」のケースからみることにしたい。

第4節　ダスキン中央「ハーティ」の事例

　女性であるA氏（以降Aと略称表記）は一軒家の購入を機に、母の勧めでダスキンと契約し、フロアーモップFを使うようになった。Aの夫は重度のアトピーであり、体をかき過ぎ、皮膚が剥がれ落ち床は汚れていた。夫が動くたびに皮膚の剥がれが舞い散る状態であった。そのような状態からAは1日に何度も掃除する必要があったため、体力的にも精神的にも追い込まれていた。長女が幼稚園に入園した時、東大阪にあるダスキン中央で働くマネージャーのK氏（以降Kと略称表記）と出逢った。Kの勧めを受けハンディモップ（シュシュ）のモニター契約を申し込んだ。吸着力が高くホコリが舞わないため、夫のための掃除に時間がかかり、拭き掃除は手抜きにならざるを得なかった特に（エアコンのフィルターなど）高所の掃除の有効性を理解し、使用後すぐに契約をした。

　長男が入園し、また母が亡くなった後、落ち着いたことを機にAは仕事を始めようと考えたが、長時間の勤務は困難であると認識していた。ある日、Kが遊びにきた時にその気持ちを話した。「ダスキン中央は主婦中心のスタッフであるので働き易い」と聞き、面接を受けた。社長からアレルギー対策の話を聞き、研修を受け、ホコリを舞い上げない正しい掃除方法を学んだ。それを家庭でも直ぐに実践した。掃除機の前にモップをかけることが重要であることや、

自分のこれまでの掃除のやり方の間違いを知ることができた。

「正しい掃除」により、夫の病状の変化が直ぐに出始め、3ヶ月後には皮膚が綺麗になった。効率的かつ効果的な正しい掃除はＡに時間、体力、精神面にゆとりをもたせた。この体験を通じて、自分の考え方や生き方に大きな転換をＡにもたらせた。

本来、アレルギーは隠したい病気であるが、Ａはこの体験を同じように悩む人に役立てたいと考えた。Ａはハーティ（ダスキンの販売・宅配・集金スタッフ）の全体会議で、自身の経験を発表した。同じように悩み苦しむ人に自分の経験を話すことで勇気や元気を与えたかったのである。この話は多くの人たちに希望を与えた。その後は、Ａは健康全般や食に関する研究にも熱心に取り組むようになった。

この出来事は、ダスキン中央にも多くの影響や効果をもたらした。まずアレルギー撲滅を掲げるダスキン中央の1つの成功例としてのストーリーとなった。また社長を中心として全社的に掲げるアレルギーバスターとしての考え方や価値観を体現し、実際に推進するための伝道者（エヴァンジェリスト）としてＡを育成できた。これらは実りある収穫であった。

リレーションシップ・マーケティングの1つの醍醐味としては、インタラクションを通じて教育的効果や気づきを与え合う関係性の輪を広げていくことである。ダスキン中央の中島社長は、当初掃除というより限定的な目的から、顧客や社員とのインタラクションを通じて、アレルギー対策、それによる家庭の平穏、家族の絆づくり、さらに掃除を通した教育や躾の向上、いじめの減少など、当初は考えも至らなかった「目的の進化」をインタラクションから得たと話す。

Ａも会社もこの出来事によって大きく変わった。当初ダスキンに関わりのなかった人が、顧客となり、従業員となり、そして伝道者へと変わった。会社は、当初は限定的な目的として始まった地点から、Ａとのインタラクションを通じて思いもつかなかった方向へ広がった。まさに目的の進化である。

Ａは、環境アレルギーアドバイザーの資格を取得し、公立小学校へ「掃除の意義とやり方の指導」をする出前教室（学校教育支援事業）のアシスタントを務め、

現在は認定講師になるために猛勉強中である。ダスキン中央の中核的な事業部門であるホームサービス事業部の将来的なリーダーとして嘱望されている。

　ダスキン中央のリレーションシップの基礎づくりには、価値観学習の重視という姿勢が注目される。価値観学習とは、「思考性に関わる普遍的な基本学習」であり、的確なインタラクションやインターナル・マーケティングを進める上で重要である。その理由は、価値観の共有なくして、真の信頼関係を育むことは難しく、また、本当の意味での個人の成長、組織の成長、さらなる抜本的なイノベーションは見込めないからである。日々直面する問題への解決を考えるためには、当事者意識（自分ごと化）が不可欠である。中島社長自身も20年以上価値観学習を行い続け、さまざまな出会いに支えられた中で、現在ではアレルギーバスタージャパンの活動を通して1つの解決策の提示と社会貢献を目指す。「使命感」はさらに重要である。「当事者意識」と「使命感」をもった社員には、それ相応の地位と裁量権が与えられる。ダスキン中央の人事教育責任者である女性のY氏（以降Yと略称表記）も価値観学習を行ってきた一人であり、YはAと同じく、顧客からはじまり、ハーティ、社員、中間管理職を経て、現在幹部へと昇進した人材である。Yが人材教育部長に昇進したのは定年時である。この会社には基本的に定年はない。60歳というのはようやく会社や社会のことが本当にわかるようになった歳であり、まして価値観学習を長年積極的に行ってきたような人材であれば、リタイアは人材のロスであると社長は考える。ダスキン中央の人材育成は、こうしたインタラクション、インターナル・マーケティング、そして価値観学習を通じたリレーションシップによって、Yがその部下、またその部下へ（またK、Aへ）と伝道者たちの広がりへの絶え間ない流れを生み出している。ダスキン中央の今後の展開が期待される。

(謝辞) 本章におけるケースに関して、ダスキン中央　中島光隆社長に多大なるご協力を頂き、感謝を申し上げたい。

第 14 章　インターネット・マーケティング

第 1 節 インターネット・マーケティングの対象

　巨大製造企業によるマーケティングがマーケティング一般である。大量生産は規模の経済によって、大量仕入によるコスト削減を強く推し量り、低価格であるにも係わらず相対的に高品質な商品の生産を可能とする。マーケティング登場以前に、資本主義的生産様式が登場した結果として、規模の経済効果を得られない中小零細製造企業の多くは駆逐され、寡占市場が形成された。その後、過剰生産物の販売を強化するため、少数の寡占的製造企業による市場の争奪戦が始まる。各企業の商品の品質は拮抗していたため、差別化を図る手段としてマーケティングが登場した。ブランドとなる商標を付与し、そのイメージを良好なものとするように膨大な費用の投入による全国に向けての広告宣伝活動が遂行された。消費者は商品そのものの品質の差異を実質的に確認することなく、ブランドのイメージを基準に購買する[1]。それがマーケティングの本来的な、最も重要な役割である。このようなマーケティング、今日的には全国至る所の小売店で購入可能なナショナル・ブランド商品を販売する製造企業におけるインターネットの活用は本章におけるインターネット・マーケティングとは認識されない。その理由は大量生産された商品の流通は商業者によって担われるからである。

　直上の内容とは対極にあるインターネット・マーケティングは商品やサービスを販売する主体がインターネットを主軸に据えて、商業者に依存しないマー

---

[1] 拙稿「マーケティングにおけるブランドの役割−岩永忠康先生の見解を基礎として−」『佐賀大学経済論集』第 45 巻 第 1 号、2012 年。

ケティングを指す。一般的にはインターネット・マーケティングは広範囲の主体を対象とするが、本質を理解するために対象を限定した。具体的内容は3つの代表において理解されたい。

第2節　製造企業

　本節での製造企業は資本規模が小さく、インターネット（以降はネットと表記）を活用したマーケティングを積極的に行う主体である。ネットでの広告は全国という枠を超えて全世界に拡散するものであり、その費用は相対的に低い。それに対して、マス媒体による広告は国内という制限があり、その費用は膨大である。この一面だけを捉えるならば、インターネット・マーケティングの有用性の方が高いように感じられる。しかし、マス媒体の利用は消費者に広くそのブランドを認知させられる。それに対して、インターネット・マーケティングはネットの利用者に限定されるだけでなく、消費者が何かを探索しようとする主体的な意識が働かなくてはならない。また大量の商品流通にとって、商業者は必要不可欠であるが、少量では流通費用は逆に高くなるため、その活用が困難となる。

　商品の品質が優れていて、相応に利益率が高く、生産量が少ない場合、インターネット・マーケティングは有効となり、市場が世界に拡大される。商品の素晴らしさを誠実に伝えようとする姿勢が求められる。従来のマーケティングにみられる消費者への意識操作的性格はそこにはない。ネットという限定的な手段ではあるが、消費者情報を収集し、双方向のコミュニケーションを図り、個別顧客への柔軟な接近としてのOne to Oneマーケティングの併用は有効となる。

　消費財と比較して、産業財の場合に、コスト削減が各企業に強く求められている今日、従来の関係性重視型取引から経済合理性に従った取引へと移行する傾向があり、インターネット・マーケティングの躍進は疑う余地もない。

第3節　仲介企業

　仲介業者は楽天やアマゾンなどをイメージされたい。多様な産業にまたがり、多様な規模の企業だけでなく、個人までを含めた膨大な商品提供主体がネットの発展と共に1つの商業者の下に出現する。商業者の存立根拠は社会的な売買集中の原理である。これは多様な生産者から商品を豊富に品揃えすることによって、消費者の購買代理人として、社会的な役割を担うことを意味する。一般的な商業者は消費者の所在地に接近する必要性から活動範囲は商圏に限定され、品揃えの豊富さにも限界を生じさせる。それに対して、ネット上の仲介企業の下には無限大の品揃え形成が可能となる。希少性の高い商品の場合に、実店舗であるならば、1つ1つ確認するための探索費用と時間が投入されなくてはならないが、ネット上では検索作業のみで探索できる。それだけ消費者への訴求力が増す。

　在庫は仲介企業ではなく、商品提供者が自己管理するため、在庫管理費用が軽減され、商品発送作業などからも解放される。それゆえ、無限大に1つだけの商品でも品揃え形成できる。これをロングテール効果と呼ぶ。仲介企業は直接的に商品の品質管理をできないが、商品提供者の管理は可能である。消費者による商品提供者に対する評価の開示によってそれはなされる。商品が手元に届くまでの日数も大幅に改善された。

　消費者は品揃えが豊富な企業を選択するため、先発優位な市場となり、仲介ネット市場は短期間で寡占化が成立する。

第4節　情報サービス企業

　情報サービスでは、Facebook、Twitter、Line、Instagramなどのソーシャルネットワーキングサービス（SNS）が代表である。人と人とをさまざまな形で結び付けるサービスは人間関係が希薄化する今日において社会的にも重要で

ある。一般利用者は無料であるが、利用者数の十分な確保により、さまざまなビジネスチャンスが生まれる。利用者に対する付帯的サービスや利用者以外へのネット活用に係わるサービスの提供によって利益が確保される。仲介企業と同様に寡占化が進む。ただし、仲介企業では商品の品揃え形成が優位性の源泉になるため、規模の経済がそれを大きく規定するが、情報サービス企業ではサービス提供システムでの差別化が図られるため、競争関係は単純ではなく、市場は棲み分けされる。ある利用者が複数のシステムを使い分ける可能性も十分にある。

第 15 章　サービス・マーケティング

第 1 節　サービス経済化の進展

　近年、経済全体にみられるサービス経済化の進展という潮流が挙げられる。サービス経済化の潮流は、わが国固有の現象ではなく、欧米をはじめとする先進諸国に共通する。これは単身世帯の増加、女性の社会進出、高齢化社会の進行、余暇時間の増大、情報通信技術の発達といった環境諸要因の変化によって生じるものである。そして医療福祉サービスや携帯電話などのような新しい形態のサービスが発展している。卸売・小売業、金融・保険業、通信業から運輸業などに至る第三次産業の就業者数の割合は、わが国では 2003 年で約 6 割超を占めている[1]。加えてグローバル化の潮流の中で、規制緩和の進展により、銀行、通信、輸送などのサービス分野では競争圧力が増大している。それゆえ、サービス組織は今後マーケティング戦略をますます重視しなければならない。他方で私たちの生活を見渡せば、営利組織だけでなく、政府機関や NPO のような非営利組織もさまざまなサービスを提供していることを理解できる。このように私たちの生活の質は多くのサービス組織によって維持・向上されている。

第 2 節　サービスの定義

　それでは私たちが生活の中で享受しているサービスとはいったい何であろうか。サイトハムル & ビトナーによれば、「サービスとは行為であり、プロセス

[1) 経済産業省編『サービス産業におけるイノベーションと生産性向上にむけて』経済産業調査会、2007 年、2-9 頁。

であり、パフォーマンスである[2]」としている。ここではサービスをプロセスとして捉え、そしてサービスの特性として無形性を強調している。

第3節　サービス・ビジネスの特性

サービスの定義を踏まえたうえでモノと対比をすると、サービスは独特の特性を有する。その特性とは、無形性、不可分性、異質性および非貯蔵性である[3]。

1. サービスの無形性

サービスを販売する際に明白になる問題は、サービスの無形性である。サービスは目にみえないため、顧客は購買する前にサービスを触ったり、聞くことができないので確認が難しい。無形性によって顧客はサービス組織のサービス・コンセプトを十分に理解できなくなるため、購買の際に不確実性に直面してしまう。不確実性を減少させるために、顧客はサービス品質についての有形の手がかりを探索する。そのため場所、従業員、設備、価格などを通じて顧客がサービス品質を判断するための手がかりを、サービス組織は管理しなければならない。

2. サービスの不可分性

サービスは生産と消費が同時に行われることが多い。この場合、サービスの生産プロセスそのものからサービスが生じる。人がサービスを提供する場合、組織の接客担当者はサービス生産に重要な役割を担う。また顧客はサービスの創出される現場で協働するため、接客担当者と顧客との相互作用はサービス・マーケティングの特徴となる。

---

2) V. A. Zeithaml & M. J. Bitner, *Services Marketing, Second ed.*, McGraw-Hill, 2000, pp.2-3.
3) W. J. Stanton, M. J. Etzel & B. J. Walker, *Fundamentals of Marketing, Tenth ed.*, McGraw-Hill, 1994, pp.539-541.

3. サービスの異質性

モノは決められた生産プロセスによって標準化された製品を継続的に提供できる。それに対してサービス品質は誰が、いつ、どこで提供するかによって変動する。サービス組織はこの異質性のためにサービスの標準化が求められる場合には、接客担当者の教育・訓練、マニュアルの導入、機械の導入などを図る。

4. サービスの非貯蔵性

モノはその物理的属性が残る限り、何度でも消費できる。他方で多くのサービスは生産と消費の不可分性のために貯蔵し、在庫することができない。多くのサービスは生産されるとすぐに消滅する特性をもっている。サービスの需要が過多な場合、注文を充当するための緩衝在庫はないので潜在的な事業機会をなくしてしまう。逆に需要が過小な場合、稼働率は落ちる。稼働率を安定させるためにサービスの需要動向の管理が要請される。

第4節　サービスの分類

サービスとモノとの対比を行うことで、その特性について考察した。しかしサービスといっても、その内容は銀行、通信、医療など多様であり、全てを一

表 15-1　サービスの本質

サービス行為の本質	サービスの直接の受け手は人かモノか？	
	人	所有物
有形の行為	人に作用するサービス (人の身体を対象にするサービス) ・旅客輸送，宿泊 ・ヘルス・ケア	モノに作用する (有形資産を対象にするサービス) ・貨物輸送，修理とメインテナンス ・洗濯とクリーニング
無形の行為	人の心に作用する (人の心を対象にするサービス) ・教育・会計サービス ・広告/宣伝 ・サイコセラピー	情報に作用する (無形資産を対象にするサービス) ・銀行 ・法律サービス

出所：Lovelock & Wirtz 2011, p.41.

括りにして把握することは困難である。そのため多様なサービス間の相違性と共通性を何らかの基準によって分類することがマーケティング戦略を策定する上で重要である。ラブロック ＆ ウィルツはサービスをプロセスとして捉え、受け手が誰で、サービス行為の本質は何かという基準を提示する[4]（図表15-1参照）。

　これはサービスの受け手とサービスの行為の本質によって4つに分類される。サービスの受け手とはサービスを直接的に受ける対象であり、人とモノの場合がある。またサービス行為の本質とはサービスの生み出す行為が有形の働きかけであるのか無形の働きかけであるのかによって分類される。まず「人に作用するサービス」は人の身体を対象にする。例えば医療、レストランなどがあり顧客自身がサービスを受けるためにサービス・システムに入っていく。この場合、顧客自身はサービス提供の現場にいる必要性が生じる。次に「モノに作用するサービス」は汚れた衣類へのクリーニング、修理サービスなど、有形資産を対象にするため、顧客自身がサービス提供の現場にいる必要性は少なくなる。続いて「人の心に作用するサービス」は教育、専門的な助言、エンターテイメントなど顧客の心に作用することで態度や行動に影響を与える。このサービスの場合、顧客自身はサービスが提供される場所にいる必要は必ずしもなく、情報にアクセスできればよい。最後の「情報に作用するサービス」は、専門家が知識を駆使して情報処理、情報を提供するものであり、会計処理、調査、法律サービスなどがある。

※本章は、拙稿「サービス・マーケティング」伊部泰弘・今光俊介・松井温文編著『現代のマーケティングと商業』（五絃舎、2012年）を大幅に書き直したものである。

---

4) C. H. Lovelock & J. Wirtz, *Services Marketing, Seventh ed.*, Pearson International Education, 2011, pp.40–43.

執筆者紹介（執筆順。なお＊は編者）

柳遠達＊（りゅう　いたつ）：第1・2・4・10章担当
　近畿大学短期大学部 特任講師

岡本純（おかもと　じゅん）：第3章担当
　名古屋学院大学商学部 教授

水野清文（みずの　きよふみ）：第5章担当
　奈良学園大学ビジネス学部 准教授

伊部泰弘（いべ　やすひろ）：第6章担当
　新潟経営大学経営情報学部 教授

松井温文（まつい　あつふみ）：第7章・第14章担当
　追手門学院大学経営学部 講師

今光俊介（いまみつ　しゅんすけ）：第8章担当
　鈴鹿大学国際人間科学部 教授

野木村忠度（のぎむら　ただのり）：第9章担当
　千葉商科大学商経学部 講師

成田景堯（なりた　ひろあき）：第11章担当
　松山大学経営学部 講師

河内俊樹（かわうち　としき）：第12章担当
　松山大学経営学部 准教授

岡山武史（おかやま　たけし）：第13章担当
　近畿大学経営学部 准教授

菊池一夫（きくち　かずお）：第15章担当
　明治大学商学部 教授・博士（商学）

編者紹介

柳偉達（りゅう　いたつ）
　　近畿大学短期大学部特任講師・博士（商学）

マーケティングの構造

2017 年 3 月 25 日　第 1 刷発行

編著者：柳　偉達
発行者：長谷　雅春
発行所：株式会社五絃舎
　　　　〒 173-0025　東京都板橋区熊野町 46-7-402
　　　　Tel & Fax：03-3957-5587
　　　　e-mail：h2-c-msa@db3.so-net.ne.jp
組　版：Office Five Strings
印　刷：モリモト印刷
ISBN978-4-86434-070-0　　©2017